北岡秀郎＋熊本県原爆被害者団体協議会
＋原爆症認定訴訟熊本弁護団……編
医師・牟田喜雄……………………監修

原爆症認定訴訟

熊本のヒバクシャたち

花伝社

原爆症認定訴訟——熊本のヒバクシャたち◆目　次

はじめに……4

I　いま、なぜ原爆症か……7

II　原爆症Q＆A……18

Q1　原爆症の認定って何ですか。／18
Q2　原爆症認定の何が問題ですか。／19
Q3　国は認定するかどうかをどうやって判断しているのですか。／20
Q4　いまなぜ集団訴訟なのですか。／21
Q5　どうしたら原爆症問題は解決するのですか。／22

III　「プロジェクト'04」とは……24

IV　「プロジェクト'04」で何が明らかになったか……31

Q1　今回の調査の目的は何ですか。／31

Q2 熊本で、このような調査に取り組んだのはなぜですか。／32
Q3 遠距離被爆者は入市もしているのですか。／33
Q4 遠距離・入市被爆者にも急性症状が見られたのですか。／33
Q5 多くの被爆者がガンになっているのですか。／34
Q6 ガン以外にも被爆者が多くかかっている病気がありますか。／40
Q7 今後の課題はありますか。／40

V 原爆症裁判が明らかにしたもの……42

1 野口邦和証人尋問（放射線防護学＝日本大学歯学部）／42
2 矢ヶ崎克馬証人尋問（物理学＝琉球大学教授）／45
3 長崎現地検証／48

VI 原告の訴え……56

VII 近畿判決の画期的意義と全面解決への展望……64

おわりに——世界のどこにもヒバクシャをつくるな……73

資料……77

はじめに

熊本県原爆被害者団体協議会事務局長
原爆症認定訴訟原告
中山　高光

被爆から早くも六一年になります。私たちはいま、再び被爆者をつくらない歯止めになる原爆被害補償制度の実現を願い、その道筋を開くために、「原爆症認定制度の抜本的改善を求める第二次大量申請・提訴運動」に取り組んでいます。

第一次運動で熊本は六〇人が認定申請を行い、一二人が認定され、却下された中の二二人が提訴をして、原爆症認定訴訟をたたかっています。原告はこれからもさらに増えます。

この裁判を通じて、国の被爆者対策が、現実の原爆被害の実態と大きくかけ離れていることが一層明らかになりました。熊本で取り組んだ、「被爆者と非被爆者の健康比較調査・プロジェクト'04」の結果は、国が放射線の影響は無いとする遠距離・入市被爆者の中にも、被爆後の初期症状が見られ、また被爆をしていない一般の方々と比べて、被爆者のガン発生率は二倍もあり、健

3版　（昭和17年4月1日第3種郵便物認可）

熊本日日

平成18年（2006年）3月14日

3 熊本でも卒業旅行復活の兆し
3 ホームレス焼死 少年4人逮捕へ
4 タイ首相の退陣求め数万人包囲
9 あすメキシコ戦…頼むぞ松坂

くまにちコム http://kumanichi.com/
8「夏目漱石名作選」

原爆症認定で集団申請
県内被爆者5人も

広島、長崎での被爆が原因で、がんなどの重い病気に苦しんでいるとして、熊本県内に住む被爆者五人が十四日午前、原爆症の認定を求め集団申請した。京都一人、広島三人もそれぞれ申請した。同日中に東京、長崎の被爆者計二十一人も申請する。

日本原水爆被害者団体協議会（被団協）が、現行の認定基準について「対象疾病を限定したうえ、残留放射能の影響を全く考慮しておらず、被害実態を反映していない」と制度改善を求めて集団申請を呼びかけた。

熊本で申請したのは、長崎で被爆した六十八—八十五歳の男性四人と女性一人。四人が爆心地から一—四・五㌔の範囲で被爆し、一人は原爆投下から数日後に爆心地付近に入った「入市被爆者」。それぞれ肺がんや心筋梗塞（こうそく）などの症状がある。

五人は同日午前、県健康づくり推進課に申請書や診断書を提出した。爆心地から一㌔地点の兵器工場で被爆し、八年前に心筋梗塞を発症した宮本喜一さん（八四）＝県被団協会長、玉名市天水町＝は「長年幾多の病気を乗り越えてきたが、国は私たちの苦しみを直視しようとしない。被害の事実を次世代に残すために申請した」と話している。

集団申請は二〇〇二（平成十四）年七月に始まり、県内は過去に計五十九人が申請、十一人が認定された。一方、申請を却下された二十一人が処分の取り消しを求めて熊本地裁に集団訴訟を起

県の担当職員に原爆症の認定申請書を提出する宮本喜一さん（右）＝14日午前、県庁

熊本日日新聞　2006年3月14日付

康に大きな差異が見られます。

またアメリカ政府が、広島・長崎に原爆投下一ヵ月後に入市した米軍兵士は「放射線の危険な作業に当たった」として「退役被爆軍人補償法」を制定し、その癌疾病に治療費・生活費・死没補償金を給付していることも明らかになっています。日本政府の対策はあまりにもこれらの実態からかけ離れています。

第一次運動を通じて明らかにされたこれらの事実は、さらに多くの被爆者の怒りを呼び起こしています。

アメリカ政府がおこなった原爆投下は、アウシュビッツと共に人道主義違反・人権侵害として許すことはできません。

同時に日本政府がおこなった侵略戦争もまた、アジアと日本国民に多くの犠牲を与え、最後に原爆被害を引き起こして終わりました。日本政府の責任もまた重大です。

私たちはこの二つの人道主義違反を糾弾し、その犠牲

者への被害補償を実現し、核兵器の使用を許さない制度をつくり、核兵器廃絶を勝ち取らなければならないと頑張っています。

皆さまの一層のご理解とご支援を心からお願いいたします。

Ⅰ　いま、なぜ原爆症か

熊本でなぜ

原爆が落とされたのは広島と長崎です。ここに圧倒的多数の被爆者が居住しているのは当然です。しかし、それ以外の土地でも、例えば熊本でも意外に多い長崎での被爆者がいることに気付きます。熊本は長崎に近いとはいえ通勤距離ではありません。それは長崎が工業都市でそれも軍需工業の拠点であったことからです。まさにこのことが原爆投下の理由ともなったのです。

原爆が投下された当時、多くの労働者が兵隊として戦地に送られていました。それでも軍需工場は稼働させなければなりません。送られた労働者の穴埋めとして、近県から大勢の学生が学徒動員として長崎の造船所などの軍需工場で働かされていて被爆しました。熊本に二〇〇〇人もの被爆者が居住しておられる大きな理由はここにあります。

放置され続けた被害者

原爆が実戦で使用（一九四五年八月六日＝広島、同九日＝長崎）されてからすでに六〇年以上が経ちました。この原爆投下による直接的な死亡者は、広島一四万人、長崎七万人と言われます。大変な人数の人たちが一瞬にしてその生命、存在を奪われてしまいました。もちろんこれはおよその数字です。人も戸籍簿も焼きつくされて正確な人数はいまだにわかりません。

ところで死亡者が二〇万人超とすれば、そのほかの人たちは何ともなかったのでしょうか。当然そうではありません。

原爆の破裂では、熱や爆風で直接被害を与えるだけでなく、原爆が出す各種の放射線を浴びることによる被害があります。これらの放射線は、比較的短時間に消滅するものもありますが、長い時間（一〇〇日以上も）生き続けるものもあります。したがって爆発の瞬間に放射線を浴びた人は当然としても、直接ではなく被爆直後の爆心地近くに救助のために立ち入った人、肉親を訪ねて探し回った人なども残留していた放射線を浴びました。また爆発後放射性物質を含んだ降下物（黒い雨など）による被爆。さらに最近問題とされているのは放射性物質で汚染された水を飲んだり野菜を食べたり、あるいは放射性物質が残留する空気を吸い込んだりして、体内に放射性物質を取り込んでしまった人たちの内部被爆という問題です。

直接の熱や爆風の被害から運よく生き残った人たちも、多くの被爆者は直接被爆した被爆者の後を追うように急性症状を発症して亡くなり、それを免れてもガンをはじめとする疾病に健康を損なわれ大変な苦しみを強いられているのです。

疾病による苦しみだけではありません。加えて社会の偏見による被害も受け続けて来ました。

それは多くの場合子どもや孫が結婚や就職等で社会的に差別されるのではないかという恐れからです。

被爆者の総数も何十万人存在するかは正確にはわかりません。しかし、そのうちの何パーセントかは被爆者健康手帳（原爆手帳、被爆者手帳）の交付を受けています。手帳の交付を受けている人たちの数は二六万人を越えています。少なく見積もってもこれらの人たちは何らかの影響を受けていて当然の人たちといえるでしょう。

逆に、救済の手が差しのべられている原爆症認定患者はどのくらいいるでしょうか。二〇万人超の死亡者、二六万人の被爆者手帳の交付者に対し、わずか二〇〇〇人に過ぎないのです。

この余りにも大きい落差……この落差こそ政府の被爆者政策の貧困によってつくりだされた未救済の被害者だ、と被爆者は主張します。そして、その落差はどのようにしてつくり出されたのか、正しい原爆症認定の在り方はどうなのか。私たちは今そのことを明らかにしたいと思います。

どのようにして放置されたか

原爆投下から一二年を経た一九五七年に原爆医療法（健康診断費用などを支給）、一九六三年に原爆特別措置法（健康管理手当等の支給）が制定されました。これらの法律が制定されるまでの一〇年間以上、政府は被爆者に必要な救済措置はまったく取りませんでした。この間、急性症状をはじめとした比較的初期に現れる症状で死亡した人たちの何十万人もの大きな山がありました。いわば大きな山が終わった後に初めて政府は被爆者の救済に手をつけたのです。

それまでは「広島・長崎では、死すべきものは死んでしまい、九月上旬現在において、原爆放射能のために苦しんでいるものはいない（一九四五年九月、アメリカ軍ファーレル准将）」というアメリカの公式見解を日本政府も受け入れ続けていました。ところがアメリカは一九四八年に、日本の医師も動員して原爆傷害調査委員会（ＡＢＣＣ）を設置し、占領軍の立場を利用しながら被爆者の医学的データの蓄積を行いました。このＡＢＣＣとその後を継いだ放射線影響研究所（ＲＥＲＦ）の資料が原因確率論などとして現在被爆者切り捨ての道具として利用されています。

これらの状況が変化するきっかけとなったのは、残念なことに三度目の核兵器の被害でした。一九五四年三月、日本のマグロ漁船第五福竜丸がアメリカのビキニ水爆実験で被爆したのです。国民世論の後押しを得て一九五六年日本被団協が結成され、被爆者の闘いが大きく前進を始めました。

原爆医療法と原爆特別措置法、この二つの法律はその運動の反映ではありましたが、その救済措置は被害の実態や被爆者の希望からは大きくかけ離れた不十分なものでした。この間も被爆者は被爆者援護法の制定を求めて運動を続けました。原爆投下から五〇年後にこの二つの法律を一本化し、さまざまな手直しを加え（手当の所得制限の撤廃や遺族の特別給付金など）被爆者援護法が成立しました。

しかしこの法律で被爆者が「被爆者として治療が必要と認め(原爆症認定)」られるには高いハードルを越えなければなりませんでした。

認定基準の誤り

被爆者が原爆症の認定を厚生労働大臣に申請すれば、疾病・障害認定審査会原子爆弾被爆者医療分科会で審査が行われます。そして認定の要件は、①被爆者が現に医療を要する状態にあること（要医療性）、②その負傷または疾病が原子爆弾の放射線に起因するものであるかまたはその治癒能力が放射線の影響を受けたためにこのようになっていること（放射線起因性）、この二つの条件が必要です。

この中でとくに問題があるとされているのは、②の放射線起因性の判断基準です。審査会では起因性の基準としてＤＳ８６による線量評価を基礎に個々の被爆者の被爆線量を推定し、これを各種のガン等一定の疾病群ごとに、線量、年齢、男女の別で原因となる確率が異なるとして原因確率表に当てはめるという手法を取っています。この確率で五〇パーセントを越える場合に初めて「認定患者」となります。

ところがこの計算の基礎になるＤＳ８６はもともと爆発から一分以内に被爆者に到達した初期放射線しか考えられていません。この場合、当時の測定技術の限界もあって、機械的に当てはめると爆心地から二キロメートルを越えるとほとんど影響がないことになります。また原爆投下直後に爆心地周辺に近づいた人たちが被った残留放射線や内部被爆の影響が欠落しているためどんなひどい症状を呈していても原爆が原因ではないとされてしまっているのです。

さらにこの原因確率表を作成した基礎資料であるＤＳ８６自体にも大きな欠陥がありました。それは測定技術の進歩によって明らかになったことですが、ＤＳ８６で使用したコンピューターによる理論値は、実測値と大きく異なっていました。とくに爆心地から離れるほどこの誤差は大きく、例えば中性子線では爆心地から一五〇〇メートル離れると実測値より一四分の一に、二〇〇〇メートル離れると一六〇分の一に、計算上極度に小さくなってしまうのです。

そして原因確率で使用した非被爆者群は、実はこのＤＳ８６の基準で当てはめたために被爆者でありながら被爆者でない人たちとして計算されてしまいました。その結果、原因確率表の元になった「被爆者」と「非被爆者」との比較検討は、実は「近距離被爆者」と「遠距離被爆者」の比較になってしまったのです。被爆者と被爆者を比較しても正確な被爆の実像は現れて来ません。そして、そのことの誤りはこれまでの各種の原爆訴訟によってすでに明らかになっていることなのです。

予算枠という誤り

では国はなぜ裁判所で間違いだと指摘されながら認定基準を改めないのでしょうか。

原爆症の認定制度がつくられた一九五七年から六〇年代前半までは、申請者に対する認定の割合は八〇～九〇パーセントで推移しています。ところが七〇年代になると五〇～三〇パーセントに落ちていきます。そして最近では一〇パーセント前後になりました。申請する人は厳しい基準を知るにつれて次第に申請件数は減少し、いわば重い症状の人たちが申請するようになっていきました。それにもかかわらず認定率の急激な落ち込みがあります。さらに不思議なことに認定患者の実数（生存患者）はここ二〇年間きれいに二〇〇〇人前後になっています。どうしてこのような現象が起きるのでしょうか。

実は認定患者に支給する医療費などの予算枠が二〇〇〇人分に限られているからなのです。それ以上はどんなに理由があっても認定しないという仕組みなのです。このことは札幌地方裁判所に於ける原爆訴訟（安井訴訟）のなかで国側の証人が認めていることです。

科学的にはどんなに被爆者であっても、予算の枠がいっぱいであれば認定にはならないというおかしなことがまかり通っているのです。そしてこのおかしなことを科学的装いのもとで「認定しない」とする足切りの道具が原因確率論だったのです。

大きく離れた法の精神

被爆五〇年にあたって遅まきながら制定された被爆者援護法の前文には高邁な精神が披瀝されています。

「……ここに、被爆五十周年のときを迎えるに当たり、我らは、核兵器の究極的廃絶に向けての決意を新たにし、原子爆弾の惨禍が繰り返されることのないよう、恒久の平和を念願するとともに、国の責任において、原子爆弾の投下の結果として生じた放射能に起因する健康被害が他の戦争被害とは異なる特殊の被害であることにかんがみ、高齢化の進行している被爆者に対する保健、医療及び福祉にわたる総合的な援護対策を講じ、併せて、国として原子爆弾による死没者の尊い犠牲を銘記するためこの法律を制定する……」

この法律が被爆者に対する国家賠償の精神を欠き、核兵器の廃絶を「究極の」かなたに見るものだとの批判を浴びながらも、「……このような惨禍が繰り返されることのないようにとの固い決意の元、世界唯一の原子爆弾の被爆国として、核兵器の究極的廃絶と世界の恒久平和の確立を全世界に訴え続けてきた……（同前文）」とされている様に被爆体験と平和を希求する被爆者・国民の願いを反映しながらも、一方では政府が歴史的に取り続けた戦争責任回避・アメリカによる被害無視の立場とのせめぎ合いのなかでのおり合いという性格を濃くしています。

それでも被爆者にとって原爆症に認定されることは、単に医療費などの補償を受けることが出来るという経済的な権利だけではなく、国によって認められたもの、すなわち今の苦しい疾病は自らの不始末で引き起こした病ではないということの公の証明でもあります。一見して外見からは見えない症状で苦しんでいる被爆者も多く、なかには「なまけ者」と言われたり、「働かない」といわれたり、家族・親族のなかでも引けめを感じながら生活している例はいとまがありません。そのような被爆者にとって、その苦しみは原爆が原因だ、個人の心がけの問題ではないとして認定されることは人生にとって重要なことなのです。

手帳の申請さえ困難な被爆者

認定を申請した後の審査の困難なことだけが問題ではありません。実は手帳の申請をすること自体が困難な例が少なくありません。手帳の申請には被爆者が被爆したことの証明が必要なのです。公的な証明や証人が必要なのです。ところが爆心地に近いほど被爆が激しく回りの人たちはすべて死亡してしまって自分だけが生き残った、被爆後の混乱のなかで自分の被爆を証明出来る人はいなくなってしまった、等々の困難な条件がつきまといます。その結果多数の「本来の被爆者」が手帳もないままになっているのです。当然認定申請を行うこと等出来るはずもありません。

二六万人余の手帳所持者、この後ろには途方もない人数の被爆者が何の救済も受けないまま、じだんだ踏みながら、あるいはひそかに存在しているのです。

立ち上がり始めた被爆者

それらの被爆者が原爆症認定裁判等、救済を求めて今やっと声を上げ始めています。

今なぜ原爆症か……を考える時、三つの視点から考える必要があります。

その第一は、被爆者の高齢化にともない自らの疾病が抜き差しならない状況を迎えたということです。被爆者の多くは体調の不良に悩んで来ました。それは高齢になるにしたがってひどくな

第一次提訴行動　2003 年6月12 日　熊本地裁

り、ついには各種のガンの多発等、放射線に起因する疾病で残念ながら生命の終焉を自覚しなければならない時期に来ました。悲しいことながら今回が最後の機会として裁判の原告になっていったのです。

第二には、子どもたちがすでに成人し、結婚をすませ、また遠隔地に就職する等、社会的差別を受けにくくなったという時の流れがあります。

しかしこのような条件にない被爆者は、今でも隠し続けている例が少なくありません。またこのはざまには、裁判には加わったが周囲の家族や親戚には内緒にしているという原告もいます。社会的な圧力は六〇年以上たってもほとんど変わっていないのが現実です。

第三の理由には、近年の日本や世界をめぐる状況が核兵器に手が届くところまで緊張を増し、このことから「再び核兵器が使われるかも知れない」と被爆者が敏感に察知し、「再度の使用は阻止しなければ」という焦燥感が加わっていることです。

湾岸戦争やイラク戦争等、いつ核兵器が使われてもおかしくない状態が次々に出現していま す。二〇万人を越える死亡者、二六万人を越える手帳所持者、その背後の数知れぬ被爆者が長年多くの苦しみを抱えてきたこと、その苦しみを身をもって受け止めてきた被爆者には、地球上のどこにあっても再び被爆者がつくられることはなによりも悲しい、食い止めなければならないと思うことなのです。

「いまなぜ」ではなく、いまだからこそ被爆者は困難を抱えながら立ち上がって来ているのです。

II　原爆症Q&A

Q1　原爆症の認定って何ですか。

A　被爆者援護法に基づき国が行なう唯一の認定制度

被爆者の病気が原爆放射線の影響によるものであり（放射線起因性）、かつ、現に医療を要する場合（要医療性）、これを「原爆症」と認定し、被爆者援護法（注1）に基づき、月額約一三万円の医療特別手当が支給されます。

これは、厚生労働大臣が被爆者に対して行なう唯一の認定制度であり、被爆者にとっては、自分の病気が原爆のせいであることを国が公式に認める唯一の制度であるため、特別の思い入れがあるものです。

漫画「はだしのゲン」で、原爆投下直後、被爆者が脱毛したり、下痢をしたりする話がありますす。これは、被爆直後に発症する急性放射線症と呼ばれるものですが、現在、原爆症として認定が問題となっているのは、被爆後、数十年たって発症するガンなどの晩発性障害（後障害）です。

（注1）　被爆者援護法：「国家補償の立場を明確にした法律を作れ」という被爆者の要求に対し、一九九四年、「原子爆弾被爆者に対する援護に関する法律」が制定された。しかし、国家補償の理念からはほど遠く、原爆症認定を求める集団訴訟の火種となった。

Q2　原爆症認定の何が問題ですか。

A　認定率は、たったの〇・八％

原爆症と認定されるためには、A1で述べたように、被爆者の病気が原爆放射線の影響であると認められなければなりません。

被爆から六〇年経過し、被爆者にとって、これを証明するのは、きわめて困難です。たとえば、ガンは、被爆者でなくても発症するわけで、被爆者が発症したガンがほかならぬ原爆放射線の影響であることを被爆者が証明することはきわめて困難なのです。

にもかかわらず、国は、これを被爆者の側で証明できない限り認定しないとしていますから、全国の被爆者約二六万人（二〇〇四年度末被爆者健康手帳所持者数二六万六五九八名）のうち、原爆症と認定されているのは、たったの二二三二名（〇・八％）にすぎません。

Q3 国は認定するかどうかをどうやって判断しているのですか。

A 遠距離・入市被爆者の被害を切り捨て

国は、DS86（注2）という線量評価システムをベースに、原因確率（注3）という表を作成し、被爆者の病気が原爆放射線の影響である確率を算出します。そのうえで、原因確率が五〇％以上であれば認定するが、一〇％未満であれば認めないとしています。

DS86は、初期放射線（注4）しか考慮していないため、爆心地から二㎞より遠いところで被爆した人は、原因確率が一〇％に満たず、認定されないシステムになっています。

また、爆発後、爆心地付近に入ったいわゆる入市被爆者についても、残留放射線（注5）被爆、とくに内部被爆（注6）の影響が考慮されない結果、認定されません。

このように、遠距離被爆者や入市被爆者を一律に切り捨てるところに、現在の認定基準の問題点が凝縮しているのです。

（注2）DS86：「一九八六年原爆放射線量評価体系」。爆心地からの距離に基づき初期放射線（注4）の被爆線量を推定する。残留放射線（注5）を無視しているため、遠距離被爆者の急性症状など原爆被害の実態を合理的に説明できない。

（注3）原因確率：申請疾病の発症要因のうち、原爆放射線が原因である可能性を確率で表わしたもの。

現在の原因確率の表にあてはめると、最高裁で原爆症と認定された松谷さんの原因確率は一〇％未満となり、原爆症とは認められないことになるなど、その不合理性は明らかである。

（注4）初期放射線：原爆が爆発してから一分以内に放出された放射線。そのほとんどは、ガンマ線と中性子線で、身体の外から身体の内部を貫いた（外部被爆）。

（注5）残留放射線：原爆が爆発してから一分以後に放出された放射線。「黒い雨」や「黒いすす」などの放射性降下物、建造物や土砂が中性子線を吸収し放射線を放出する誘導放射線などがあり、ガンマ線のほか、アルファ線、ベータ線も含まれる。爆発時に広島・長崎市外にいた人でも、その後、家族を捜しに爆心地付近に入り、残留放射線を浴びた。

（注6）内部被爆：アルファ線やベータ線を放出する放射性微粒子を呼吸や飲食により体内に取り込み、臓器に長期間沈着して内部から影響を与える。国は、測定不能としてこの影響を無視している。

Q4　いまなぜ集団訴訟なのですか。

A　最高裁で負けても基準を変えない国

これまでも、原爆症の認定を求めて裁判に立ち上がった被爆者がいました。長崎の松谷英子さんは、国が最高裁まで争った結果、一三年もの間、裁判を余儀なくされました。最高裁は、当時国が使っていたＤＳ８６を前提としたしきい値（注7）を「機械的に適用することは科学的ではない」として批判し、松谷さんは原爆症であると認めました。ところが、国は、基準を見直すことなく、従来のＤＳ８６をベースに、前述した原因確率の装いをほどこし、さらに厳しい認定基準にしてしまったのです。

最高裁の判断にも従わないかたくなな国の姿勢を目の当たりにした被爆者は、「個人の裁判だけでは限界がある。全国の被爆者が一斉に裁判を提起する必要がある」として、集団訴訟に立ち上がったのです。

（注7）しきい値：被爆線量が一定の値以下では症状が出ないとされる値。放射線の影響に敏感かどうかという「感受性」の個人差により「しきい値」以下でも発症することがある。また、ガンなどは、被爆線量が少なくても一定の確率で発症する（確率的影響）。従来、国は、ＤＳ８６を前提に「しきい値」論によって原爆被害を切り捨てていた。

Q5 どうしたら原爆症問題は解決するのですか。

A あるべき認定条件に基づき被爆者をもれなく救済

被爆者は、被爆者対策の基本理念を国家補償に基づくことを求めています。そして、被爆者に

対する手当の給付については、現行制度を根本から見直し、

①すべての被爆者に健康管理手当を支給する

②被爆者が、ガンなど原爆放射線の影響を否定できない疾病・障害にかかったときは、原爆症と認定する

③原爆症と認定されたときは、障害加算として医療特別手当を支給し、疾病・障害が治癒したときは、特別手当を支給する

という制度に改めることを要求しています。

被爆者診療に携わる全国の医師が、集団訴訟のために統一意見書を作成されましたが（聞間元《はじめ》医師ら）、統一意見書が提示するあるべき認定条件も、この被爆者の要求を支持しています。

いまだ未解明な部分が多い点に鑑み、被爆者の六〇年に及ぶ被害をもれなく救済することが必要でしょう。

Ⅲ 「プロジェクト'04」とは

みんなでひとつ

ある時、原爆症認定訴訟・熊本訴訟を闘う弁護士、医師、被害者、支援団体の代表が一堂に会していました。特別な会合のことではなく通常開かれる弁護団会議のことです。弁護団会議と言うものの実態は関係者の合同の会議です。原則として弁護士だけで開く弁護団会議はありません。この席上で、普通は弁護士だけが討論する裁判上の戦術、裁判所の反応、証人尋問の準備、他の裁判所で進行している同種の裁判の報告等々もここではみんなで考え討論し、原告の問題、支援や運動の問題も分け隔てなく検討され、みんなが平等に発言し認識を共有していきます。

一般に弁護士・医師のような専門家は自分たちだけがわかる言葉で討議し、結論だけを持ち込むことが多い様に思います。それでは関係者全員の力を全面的に発揮させていくことは出来ません。

このようなやり方は熊本で長年闘われてきた水俣病訴訟、川辺川利水訴訟、ハンセン病訴訟等大型裁判では普通になされてきました。みんなの知恵と力を併せて勝ち抜いていく方法です。そ

してこの会合に「DS86・原因確率論など被害者切り捨ての理論やその誤りを指摘することはできる。逆に何が正しいかを裁判所に理解させるにはどんな方法があるか」という問題が提起されたのです。正しい実態を知らせることが、国の誤りを引き立たせることにもなる。これが提案者の意見でした。

「そんな調査が過去にあるのか」という疑問に答えて、被団協の役員からは「被団協の聞き取り調査は経験がある。公の調査はない。規模の大きい被爆者・非被爆者の比較調査はどこもやっていない」と説明されました。

熊本でそのような調査が出来るか？……これがみんなの頭の中に描かれた疑問でした。

調査活動の経験

熊本の弁護士、医師、支援諸団体は、過去の大きな調査活動を実施した経験を持っています。

例えば水俣病。

同じような認定問題を抱え、国を相手に一〇〇〇人を越える原告を擁して裁判を闘った経験があります。「不知火海一〇〇〇人検診」です。

これにかかわった関係者は総勢三〇〇人を越えていました。

この集団検診はその後の水俣病被害者の救済に大きく役だったことは言うまでもありません。

県下各地から調査ボランティアが参加

熊本県の南部に川辺川が流れています。

この川にダム（川辺川ダム）をつくって土地改良を行う利水事業が計画されました。土地改良法によると対象農家の三分の二が同意していれば事業が進められます。そして、地域の農民はほとんど一〇〇パーセント近くこの計画に同意を表明している、と農水省は発表していました。

本当にそうなのか……調査が始まりました。「死者の同意」が発見されたり、「この署名は事業からはずす同意だ」等の虚偽の同意取得が次々に明らかになり、福岡高裁では原告や支援団体の手によって対象農家全員四〇〇〇所帯の調査を行い、判決は、「農民の同意は法律に必要な三分の二はない」と認めさせ、計画を白紙にさせています。

これらの経験は、工夫と努力があれば裁判所も納得させる精密で大型の調査も可能だということを示しています。

関係者が参加した合同の弁護団会議で、被爆者と非被爆者の大量調査を実施するという方針が出されました。

このためのプロジェクトは「プロジェクト'04」と名付けられました。

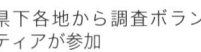

プロジェクト'04

被爆者と非被爆者のそれぞれの集団を詳しく聞き取りし、検診・診察し、それを比較すれば、被爆から六〇年後の今の被爆の影響が明らかになる、この思いは関係者みんなの共通のものでした。

意気込みは出来たものの実行に移すには多くの困難がありました。まずそれぞれの集団が何人いれば統計として成り立つのか、検診の条件を同じにするにはどうすれば良いか、医師の数をそろえる方法は……等々です。

多くの専門家の助言によれば、被爆者・非被爆者それぞれ五〇〇人は必要。加えて双方とも年齢、性別がマッチしていること、ということでした。被爆者はかなりの人たちが被団協に組織されています。その人たちを総動員して検診場所に指定した病院に来てもらえば解決することです。来院が困難な人には送り迎えの車を準備する、ということになりました。

非被爆者はどうするか。労働組合に協力を求めても現役の労働者は年齢的にマッチしません。そこで組合OB会の協力を得るための努力を繰り返し行いました。教組、電通、自治労、年金者組合などが次々に協力者を送り込んでくれました。迎える病院は民医連くわみず病院やその付属診療所。原水禁運動が分裂して久しいなか、ともすれば対立してきた人たちが今「原爆訴訟を勝利させたい」との思いでひとつの行動を取り始めたのです。立場を越えた協力がなければこの調査の成功はありませんでした。

医師の体制はどうか、民医連内では繰り返し討議され全面的なバックアップがなされましたが、それだけでは不十分です。反核医師の会、保険医協会の医師の協力を得ました。

圧倒的な人数を擁する聞き取り要員はどうするか。

医療関係者が多く参加し、そのほかに労組や民主団体の活動家、法律事務所の事務職員もかけつけました。これらの人たちには厳しい研修が繰り返し行われ、それへの参加が義務づけられました。

研修に参加していない人たちは車での送り迎え、会場の整理にあたり、聞き取りは必ず研修終了者にゆだねられました。業務で行うものではないため、これらの調査活動はすべて土曜・日曜に集中的に、一年間連続して行われました。

この計画の遂行には、検診対象者への連絡・検診実施者の組織・検診会場の諸準備等々多大な事務量がありました。そのためこれまで被爆者検診等を系統的に取り組んできて被爆者とはなじみの深い民医連診療所の師長を専従で当て、その師長の仕事の穴埋めには別の病院から師長代理を派遣するという組織を上げた支援体制が取られました。

そしてなにより、これらの調査活動への参加はすべてボランティアで進められたのです。参加者総勢五〇〇人を越えました。これらスタッフへの報酬は、いわば裁判の勝利と被爆者の救済だけです。それでも調査を終えたスタッフは大きな充実感を持っています。

明らかになったこと

①遠距離（爆心地から二キロ以上で被爆の人）・入市被爆者（原爆投下後二週間以内に救助等

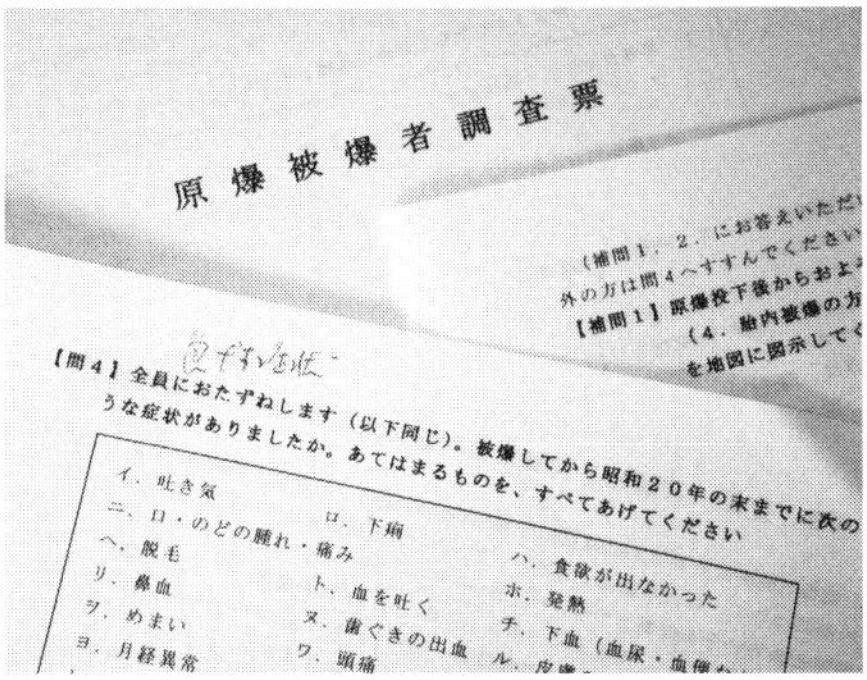

調査は100項目以上に及ぶ

で爆心地から二キロ以内の市内に入った人）にも急性症状

　これまで国の基準では、これらの人たちは被爆の影響がない人とされてきました。今回の調査で、原爆投下の昭和二〇年末までに急性症状を示唆する症状を経験した人が六五パーセントもいました（グラフ1）。

　この急性症状は、一定以上の線量を被爆しないと認められないとされる症状で、ひどいだるさ、下痢、食欲不振、吐き気、発熱、脱毛などのことです。また遠距離を含めて直接被爆の経験が無く、入市被爆だけの人たちにも七一パーセントもの人が急性症状を示唆する症状を訴えていました。

　このことは、直接被爆しなかった入市被爆者といえども、事実上被爆したと同じ症状を示していることがわかります。

②被爆者に多い悪性腫瘍（ガン）の発生率

　年齢・性別をマッチさせた被爆者と非被爆者（一般に年齢が高くなるとガンの発症が多くなります。男女の差もあります。したがって両者の同年齢・同性の集団を比較しています）の比較によると、被爆者の方が非被爆者より約二倍の発症率です。このことは遠距離被爆者、入市被爆者についても同じ傾向を示しています。

　中でも深刻なことに、複数種のガンを併せて発症する多重ガンの発症率が被爆者において多いことです。このことからも遠距離被爆や入市被爆者も、近距離被爆者と同じような放射線の影響を受けているのではないかと思われます。

③残留放射線による被爆、内部被爆の影響を示す

遠距離被爆者（爆心地から二キロ以遠）の被爆は、近距離被爆に比べれば直接放射線量の影響が小さくなるのは当然です。それでも各種の急性症状、悪性腫瘍の発生率を考えた場合、残留放射線の影響や、それらを身体に取り込んでしまった内部被爆を考えなければなりません。放射性の微粒子等を身体内部に取り込んでしまった内部被爆は、測定することが難しいほどの微量でも長時間にわたる被爆になりやすく、被爆の影響は結果的に大きなものになります。

なお、政府が認定の基礎資料としたＤＳ８６はこのような事実をほとんど無視しています。

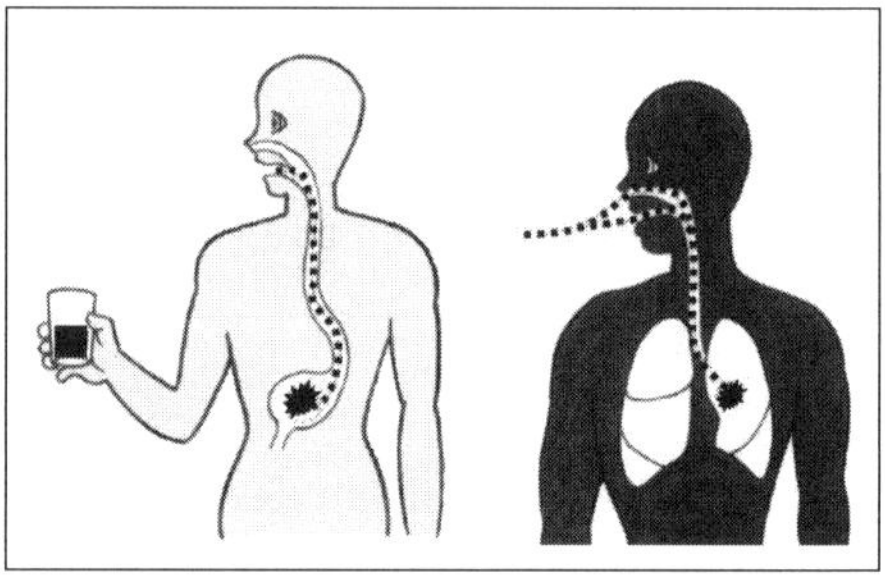

飲み込んだり吸い込んだり

④この調査は、調査対象者としては八〇〇人程度、うち被爆者二七八人。これは被爆者の数から言えば決して多い数ではありません。それでも原爆投下から六〇年後の今日、多くの被爆の影響があることが立証されました。もっと大掛かりな調査が行われれば、今回の調査では明らかにならなかったことを含めて、医学的、社会的な証明が出来ることでしょう。私たちはそれを望みます。

Ⅳ　「プロジェクト'04」で何が明らかになったか

Q1　今回の調査の目的は何ですか。

A　被爆者の現在の被害実態を把握

現在、国は、被爆者の病気が原爆放射線の影響であるかどうか（放射線起因性）を判断するに際し、ＤＳ８６という線量評価システムと放射線影響研究所（注1、以下「放影研」といいます）の疫学調査をベースにしています。

ところが、ＤＳ８６は、初期放射線の影響を基本にしており、残留放射線の影響はほとんど無視しているため、遠距離被爆者や入市被爆者については、「放射線の影響なし」として切り捨てられてしまいます。

また、放影研の調査は、遠距離被爆者と近距離被爆者を比較したものであるため、遠距離被爆者については、はじめから放射線の影響が過小評価されることになります。

さらに、現在の審査基準には、一九九〇年までの疫学調査しか反映されておらず、それ以降の発症については考慮されていないため、現在までの被害を正しく把握することができません。

そこで、遠距離被爆者や入市被爆者も含めた全被爆者と非被爆者の現在までの病歴を比較することによって、被爆者が多く発症している病気を明らかにすることができるのではないかと考えたのです。

Q2 熊本で、このような調査に取り組んだのはなぜですか。

A 水俣病の経験に学び

熊本にも、約二〇〇〇人の被爆者が在住しています。

熊本では、かつて、水俣病の病像を明らかにするために、水銀汚染地域と非汚染地域の疫学調査に取り組みました。その成果が、水俣病問題の解決のために、大きな役割を果たしました。

今回、医師団と弁護団が協議をする中で、原爆症の問題を解決するためには、全く被爆をしていない人と比較して被爆者の健康被害の実態を明らかにすることが必要ではないかということで、このような調査に取り組むことになったのです。

Q3 遠距離被爆者は入市もしているのですか。

A 遠距離被爆者の多くが入市

放影研の調査でコントロール群（0線量群）とされる三キロ以遠の遠距離被爆者一三七人中、七四％が入市していたことも明らかとなりました。

放影研の調査では、入市して残留放射線の影響を受けた可能性のある多くの人がコントロール群に含められていることになり、被爆の影響が過小評価されてしまう結果となります。

Q4 遠距離・入市被爆者にも急性症状が見られたのですか。

A 六五％で急性症状

今回の調査対象者のうち、八割強が遠距離ないし入市被爆者でした。近距離被爆者の多くは、すでに亡くなられているからだと思われます。

今回の調査対象者のうち、遠距離・入市被爆者の六五％に下痢、ひどいだるさ、脱毛などの急性症状が見られました（グラフ1）。

グラフ１　遠距離・入市被爆者の急性症状

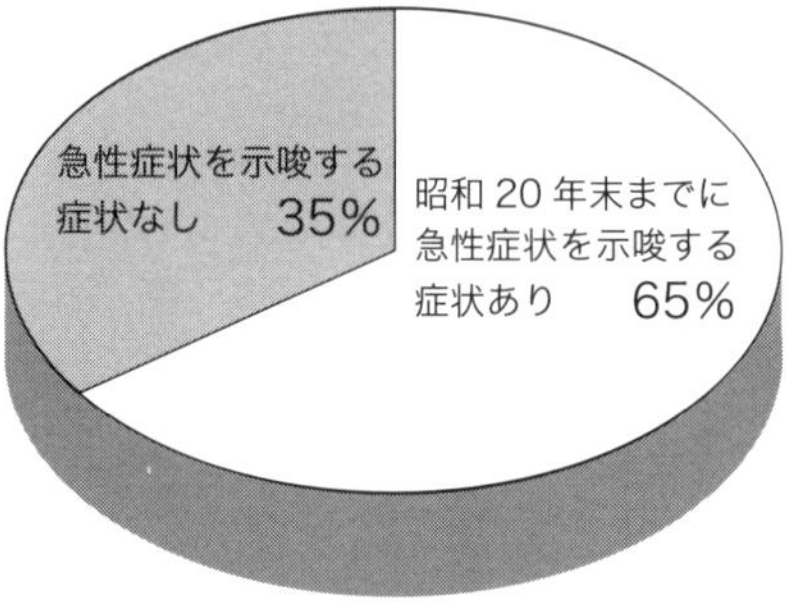

これは、遠距離・入市被爆者であっても、原爆放射線の影響を強く受けていることを示唆するものです。

Q5

多くの被爆者がガンになっているのですか。

A

非被爆者の2倍もガンが発症、遠距離・入市被爆者でも同様

二七八名の被爆者のうち、五一名が何らかのガン（悪性腫瘍）にかかっており、うち七名が多重ガンでした。これに対し、非被爆者二七八名のうち、ガンにかかったのは二七名、多重ガンが一名ですから、被爆者が非被爆者の約二倍もガンにかかっていることがわかりました（表1、表2）。

転移ではなく複数のガンを発症する多重ガンが被爆者に多いのも特徴とされており、今回の調査も、これを裏付ける結果になりました。遠距離・入市被爆者でも同様の結果でした。

とりわけ、国が認定審査の基礎にしているのは一九九〇年までのデータですが、一九九一年以降に約八割のガンを発症していることは（表3）、現在の認定基準に見直しを迫るものといえるでしょう。

平成17年（2005年）8月12日　金曜日　熊本日

広島、長崎の入市被爆者ら

がん発症　一般の2倍超

県内医師 健康調査　原爆症訴訟で提出へ

原爆投下から二週間以内に広島、長崎市に入った人（入市被爆者）や爆心地から二キロ以遠の被爆者が、同年代で被ばくしていない人に比べ、がんや白血病などの発症者数が多いことが十一日、県内の医師らが実施した聞き取りによる健康調査で分かった。

原爆の放射線に起因する疾病については、厚生労働省が「原爆症」に認定して医療特別手当を支給している。現行の認定基準は、爆心地からの距離で被ばく線量を推定しており、二キロ以遠の被爆者らは申請却下が相次いでいる。

調査は、県内の医師二十六人と弁護士らが昨年六月から今年三月まで実施。県原爆被爆者団体協議会の協力要請に応じた県内に住む五十八歳以上の被爆者二百七十八人（男百六十二、女百十六）と、同数の同年代の非被爆者を比較した。

対象のうち、爆心地から二キロ以遠の被爆者と入市被爆者は計二百二十人。この中で被爆者に多いとされるがんを発症したのは男女合わせて四十三人で、二十一人だった非被爆者の二倍を超えた。非被爆者には発症がなかった白血病も、七人だった。

その他の疾病の発症者数も変形性脊椎（せきつい）症が八十二人で四・八二倍、白内障が七十九人で二・五倍、肝機能障害が四十六人で二倍になるなど計八類型でそれぞれ非被爆者を上回った。

一方、被ばく直後の急性症状についても、一九四五（昭和二十）年十二月までに下痢や脱毛、歯ぐきの出血、紫斑などの症状が出た人は、65％に上った。

原爆症の認定をめぐっては、熊本など全国十三地裁で申請却下処分の取り消しを求める集団訴訟が係争中。熊本訴訟の弁護団は今回の調査を証拠提出することにしている。

（渡辺哲也）

認定行政の矛盾浮き彫り

県内被爆者の健康調査で、爆心地から二キロ以上の遠距離・入市被爆者のがん発症率が非被爆者よりも高い数値を示した。放射線の人体への影響は未解明な点が多いが、がん発症の原因が被爆であることは否定できず、原爆症認定行政の矛盾を浮き彫りにしている。

現在の認定基準では、遠距離・入市被爆者の申請がほとんど却下されている。被爆地に残った放射線を含む雨やほこり、飲食などによる被ばくの影響はほとんど反映されないためだ。しかも、放射線の影響を認めるがんの種類は限られている。

これまで、日米の調査団や研究所、医師らが被爆者の健康調査を実施してきた。ただ、その調査には「非被爆者」に遠距離・入市被爆者を相当数含めており、がんなどの発症率比較には問題が残るとの指摘がある。

たしかに、今回の調査も対象人数が少ない上、病状把握が十分ではないなどの弱点はある。

しかし、放射線の被ばく量を推定し、疾病ごとに原因確率を機械的に算定する現行の認定手法は、残留放射線の影響を過小評価してはいないか。被爆者は高齢化し、病気に苦しんでいる。救済のためには、被ばくの影響を広くとらえる視点も必要だろう。

（田口貴一朗）

熊本日日新聞　2005年8月12日付

疾患発症者数									
･けどや外傷の瘢痕、ガラス片などの異物の体内残留	貧血・紫斑	糖尿病	脳出血等	脳出血等内訳	心臓血管系疾患	白内障	手足や腰の疾患	変形性脊椎症	湿疹等皮膚の疾患
12**	7	26	16*	脳梗塞 10、脳出血 3、クモ膜下出血 1、硬膜下血腫 1、脳血管障害 1	90*	50**	92**	51**	33**
0.0882	0.0515	0.1911	0.1176		0.6618	0.3676	0.6765	0.375	0.2426
12*	30**	9	5	脳梗塞 3、クモ膜下出血 1	43*	29**	63**	31**	15
0.1429	0.3571	0.1071	0.0595		0.5119	0.3452	0.75	0.369	0.1786
24**	37**	35	21		133**	79**	155**	82**	48*
0.1091	0.1682	0.1591	0.0955		0.6045	0.3591	0.7045	0.3727	0.2182
0	2	23	5	脳梗塞 4、脳出血 1	73	18	37	8	14
0	0.0147	0.1691	0.0368		0.5367	0.1324	0.2721	0.0588	0.1029
2	9	11	6	脳梗塞 4、脳出血 1、クモ膜下出血 1	29	13	29	9	14
0.0238	0.1071	0.131	0.0714		0.3452	0.1548	0.3452	0.1071	0.1667
2	11	34	11		102	31	66	17	28
0.0091	0.05	0.1545	0.05		0.4636	0.1409	0.3	0.0773	0.1273
0	3	5*	5*	脳梗塞 3、脳出血 1、脳血管障害 1	18	12*	14	7**	5
0	0.125	0.2083	0.2083		0.75	0.5	0.5833	0.2917	0.2083
0	3	1	0		5	2	8	3	1
0	0.3	0.1	0		0.5	0.2	0.8	0.3	0.1
0	6	6	5		23	14*	22	10**	6
0	0.1765	0.1765	0.1471		0.6765	0.4118	0.6471	0.2941	0.1765
0	0	0	0		15	4	10	2	3
	0	0	0		0.625	0.1667	0.4167	0.0833	0.125
0	2	1	1	脳梗塞 1	4	1	5	1	1
	0.2	0.1	0.1		0.4	0.1	0.5	0.1	0.1
0	2	1	1		19	5	15	3	4
	0.0588	0.0294	0.0294		0.5588	0.1471	0.4412	0.0882	0.1176
22**	12**	34	21**	脳梗塞 11、脳出血 4、クモ膜下出血 2、硬膜下血腫 2、動脈瘤 1	113**	61**	110**	64**	38**
0.1358	0.0741	0.2099	0.1296		0.6975	0.3765	0.679	0.3951	0.2346
23**	42**	15	6	脳梗塞 4、脳出血 1、クモ膜下出血 2	57**	42**	85**	35**	20
0.1983	0.3621	0.1293	0.0517		0.4914	0.3621	0.7328	0.3017	0.1724
45**	54**	49	27*		170**	103**	195**	99**	58**
0.1619	0.1942	0.1763	0.0971		0.6115	0.3705	0.7014	0.3561	0.2086
0	2	24	6	脳梗塞 4、脳出血 2	85	22	46	10	14
0	0.0123	0.1481	0.037		0.5247	0.1358	0.284	0.0617	0.0864
2	11	14	7	脳梗塞 5、脳出血 1、クモ膜下出血 1	38	22	38	9	16
0.0172	0.0948	0.1207	0.0603		0.3276	0.1897	0.3276	0.0776	0.1379
2	13	38	13		123	44	84	19	30
0.0072	0.0468	0.1367	0.0468		0.4424	0.1583	0.3022	0.0683	0.1079

ッチ者に比し、マクテマー検定（不一致のペア数 20 以下は 2 項検定）で※ p=0.05、※※ p=0.01 で
意差あり

表1　各種疾患の発症比較

	疾患発症者数					
	悪性腫瘍（癌）	白血病等	白血病等内訳	甲状腺機能低下症等	甲状腺機能低下症等内訳	肝機能障害等
2km 以遠被爆 or 入市のみ男性 136 名	33**	4	白血球減少症 2、血小板減少症 1、骨髄異形成症候群 1	6	甲状腺機能低下症 3、亢進症 2、甲状腺良性腫瘍 1	2
発症率	0.243	0.0294		0.044		0.213
2km 以遠被爆 or 入市のみ女性 84 名	10	3	白血球減少症 1、白血球増多症 1、再生不良性貧血 1	8	甲状腺機能低下症 4、亢進症 1、甲状腺機能異常 2、甲状腺肥大 1	1
発症率	0.12	0.0357		0.095		0.202
2km 以遠被爆 or 入市のみ男女計 220 名	43**	7*		14		46
発症率	0.1955	0.0318		0.064		0.209
2km 以遠被爆 or 入市のみマッチ者男性 136 名	14	0		6	甲状腺機能低下症 2、亢進症 3、甲状腺良性腫瘍 1	1
発症率	0.103	0		0.044		0.12
2km 以遠被爆 or 入市のみマッチ者女性 84 名	7	0		2	甲状腺機能低下症 2	
発症率	0.083	0		0.024		0.071
2km 以遠被爆 or 入市のみマッチ者男女計 220 名	21	0		8		2
発症率	0.0955	0		0.036		0.104
入市のみ男性 24 名	6	1	骨髄異形成症候群 1	0		
発症率	0.25	0.0417		0		0.208
入市のみ女性 10 名	2	1	白血球減少症 1	1	甲状腺機能異常 1	
発症率	0.2	0.1		0.1		0
入市のみ男女計 34 名	8*	2		1		
発症率	0.235	0.0588		0.029		0.205
入市のみマッチ者男性 24 名	1	0		0		
発症率	0.0417	0		0		0.166
入市のみマッチ者女性 10 名	0	0		0		
発症率	0	0		0		
入市のみマッチ者男女計 34 名	1	0		0		
発症率	0.029	0		0		0.117
被爆者男性 162 名	37**	6*	白血球減少症 3、血小板減少症 1、骨髄異形成症候群 1、白血球増多症 1	8	甲状腺機能低下症 4、亢進症 3、甲状腺良性腫瘍 1	3
発症率	0.228	0.037		0.049		0.197
被爆者女性 116 名	14	4	白血球減少症 1、白血球増多症 2、再生不良性貧血 1	12*	甲状腺機能低下症 7、亢進症 2、機能異常 2、甲状腺肥大 1	2
発症率	0.121	0.0345		0.103		0.172
被爆者男女計 278 名	51**	10**		20*		5
発症率	0.1835	0.036		0.072		0.187
被爆者マッチ者男性 162 名	18	0		6	甲状腺機能低下症 2、亢進症 3、甲状腺良性腫瘍 1	2
発症率	0.111	0		0.037		0.129
被爆者マッチ者女性 116 名	9	0		4	甲状腺機能低下症 4	
発症率	0.078	0		0.034		0.06
被爆者マッチ者男女計 278 名	27	0		10		2
発症率	0.0971	0		0.036		0.104

表２　多重ガンの発症比較

	発症者数				
	大腸癌	胃癌	肺癌	多重癌	多重癌内訳
2km 以遠被爆 or 入市のみ 男性 136 名	6*	11*	3	5*	①胃癌、膀胱癌、前立腺癌
女性 84 名	3	2	2	0	②胃癌、食道癌
男女計 220 名	9*	13*	5*	5*	③腎臓癌、前立腺癌
2km 以遠被爆 or 入市のみ マッチ者男性 136 名	0	3	0	0	④大腸癌、皮膚基底細胞癌
女性 84 名	1	1	0	0	⑤尿管癌、膀胱癌
男女計 220 名	1	4	0	0	
入市のみ男性 24 名	1	4	0	1	④大腸癌、皮膚基底細胞癌
女性 10 名	0	1	1	0	
男女計 34 名	1	5*	1	1	
入市のみマッチ者男性計 /24	0	0	0	0	
女性計 /10	0	0	0	0	
男女計 /34	0	0	0	0	
被爆者 男性 162 名	7**	13*	3	6	①〜⑤、⑥前立腺癌、腰椎腫瘍
女性 116 名	5	2	2	1	⑦両側乳癌
男女計 278 名	12*	15*	5	7*	
被爆者マッチ者 男性 162 名	0	4	0	1	①’胃癌、頭蓋骨肉腫
女性 116 名	1	1	1	0	
男女計 278 名	1	5	1	1	

マッチ者に比し、マクネマー検定 (不一致のペア数 20 以下は 2 項検定) で * p=0.05、** p=0.01 で有意差あり

表３　被爆者全員での癌発症年

51 名に 59 件の癌発症

		件 /59 件
91 年以降（児玉論文以降）	41 名に 47 件発症	0.797
99 年以降（AHS8 報以降）	27 名に 29 件発症	0.492

児玉論文以降に発症した癌 :79.7% 約 8 割
AHS8 報以降に発症した癌 :49.2%5 割近く

グラフ2　被爆者全員男女計287名とそのマッチ者での疾患別発症数

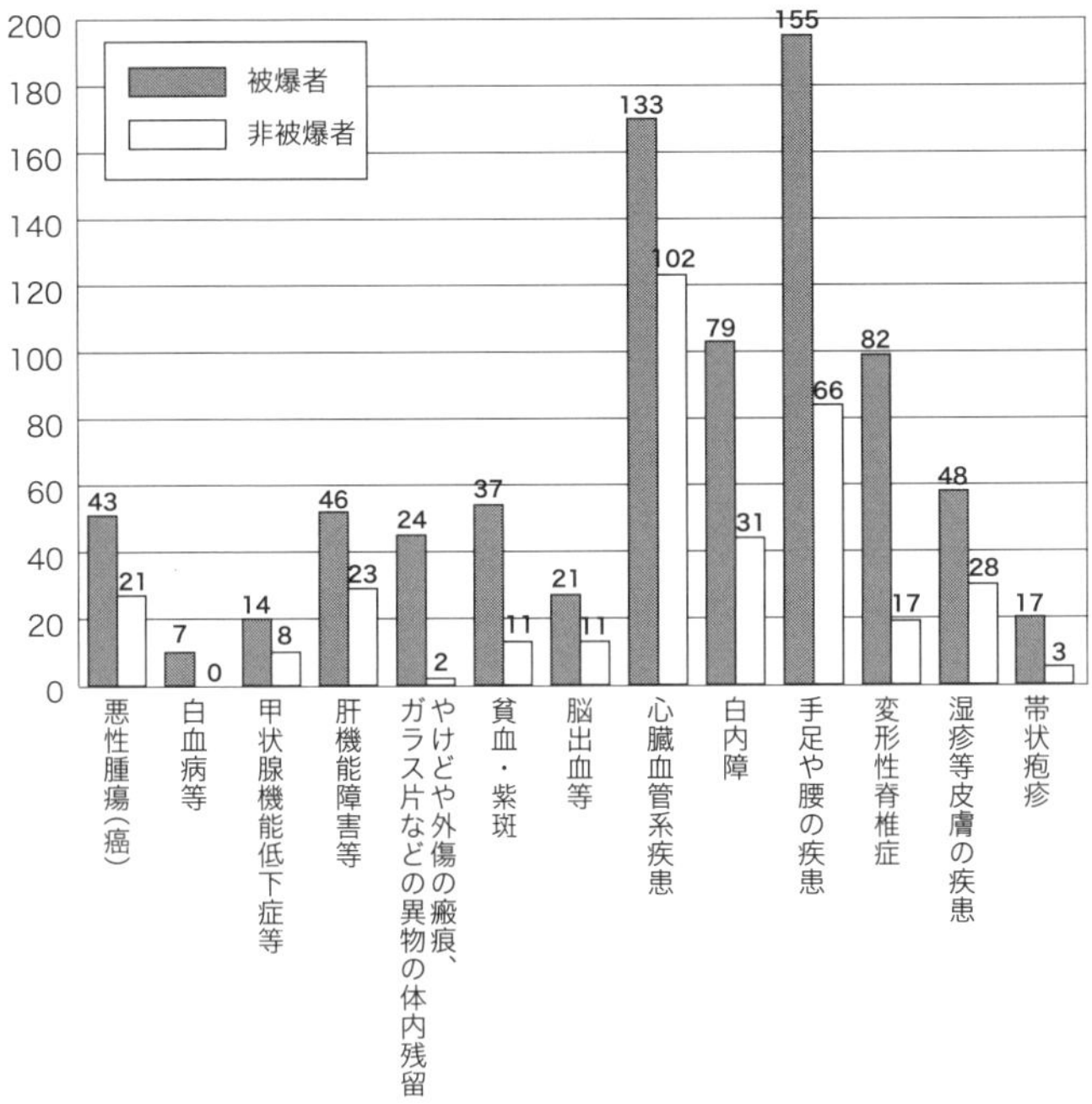

Q6 ガン以外にも被爆者が多くかかっている病気がありますか。

A 甲状腺機能低下症、肝機能障害など多くの病気で有意

ガン以外でも、甲状腺機能低下症等の甲状腺疾患、肝機能障害等の肝疾患、脳出血等の脳血管疾患、心臓血管系疾患、白内障、手足や腰の疾患、変形性脊椎症、帯状疱疹などで、被爆者が非被爆者より多く、統計学的にも有意に発症していることがわかりました（グラフ2）。

被爆者が、これらの病気にかかった場合、ほかに有力な原因がない限り、原爆放射線の影響と考え、原爆症と認定するのが合理的なのではないでしょうか。

Q7 今後の課題はありますか。

A 広域調査

今回の調査では、熊本県内の二七八名の被爆者を対象にしました。

全国には、約二六万人の被爆者がいるのですから、もっと対象を広げて調査をすれば、今回、有意差の出なかった病気についても被爆者が多く発症していることが明らかになる可能性があり

ます。

（注1）放射線影響研究所：前身はアメリカが原爆による人体実験の結果を把握するため設置したABCC（原爆障害調査委員会）。一九七五年から日米共同運営となったが、その疫学調査は、近距離被爆者と遠距離被爆者を比較するなど問題が多い。

V　原爆症裁判が明らかにしたもの

1　野口邦和証人尋問（放射線防護学＝日本大学歯学部）

熊本では、証人尋問のトップバッターとして、野口邦和氏にお願いしました。野口氏は、放射線防護学の専門家で、すでに、札幌地裁（安井原爆訴訟）で証言された経験もお持ちでした。

今回は、これまでの放射線防護の研究成果をふまえながら、放射線の人体影響に関する国の考え方の誤り、とりわけ、ＤＳ８６の問題点について、パワーポイントを駆使しながらわかりやすく批判されました。

最新式の核兵器開発を行っている
研究者がなぜ最旧式の広島・長崎の
原爆線量の見直しを行うのか　甲A 76号証

- 中性子爆弾の開発など最新の核兵器開発が発端。
- すなわち部分的核実験禁止条約（PTBT）により大気圏内核実験が実施できない状況下で中性子爆弾の爆発実験をコンピュータ・シミュレーション技術により模擬するプログラムを開発し、そのプログラムの信頼性を確認する手段としての見直し。
- 米国の研究者の関心は、近距離（せいぜい1キロメートル以内）で実測値と一致するか否かであり、遠距離の実測値と一致するか否かははじめから関心外。

(1) DS86は、中性子爆弾の能力検査のため

まず、国が原爆症認定の基礎に使用しているＤＳ８６という線量評価方式については、もともと、七〇年代にアメリカで開発された中性子爆弾において、設計どおりに中性子線が出ているかということを検証する必要から、広島・長崎の原

科学とは無縁の広島・長崎原爆のソースターム　甲A79号証

- ソースタームの真値は不明

①広島・長崎原爆の構造や材質に関する情報が軍事機密として秘匿されているため、多数の研究者が独立した方法で計算を行うことができない。

②米国の研究者が、使用した方法や数値の詳細を軍事機密として秘匿にしているため、多数の研究者がその方法や数値について検証することができない。

- DS86のソースタームはそもそもの出発点の信頼性が損なわれている。したがって、ソースターム後の中性子線やガンマ線の輸送計算を如何に科学的に行おうと、その結果は信頼性に欠ける。

DS86は放射能実測値を合理的に説明できない

- DS86は、ユウロピウム152やコバルト60の比放射能の実測値を合理的に説明できず、近距離では実測値より少し過大、遠距離では実測値より過小となり、爆心から離れるほどズレが増していき、2000メートル以遠では桁違いの過小評価になっている可能性がある。
- ガンマ線についても、中性子線ほどではないが、同様の傾向がある。

甲A80号証

爆線量を利用したという経緯が明らかにされました。その際、一キロくらいまでの中性子線量が一致すれば目的を達成するので、残留放射線を軽視することにつながったのだと証言されました。もともと、被爆者への人体影響を判断するためのシステムではなく、アメリカの爆弾の能力を確かめるためのコンピューター・シミュレーションだったというわけです。

(2) DS86のソースタームは軍事機密

ＤＳ８６のもとになっている情報（ソースターム）はすべて軍事機密として公開されていません。すなわち、原爆の構造、材料などはもちろん、どういう方法で、どういう数値を入力して出された結果なのかが一切明らかにされていないため、他の研究者による追試が不可能なのです。にもかかわらず、国は、このＤＳ８６のデータを信用しろというのです。

(3) DS86は実測値とあわない

ＤＳ８６のソースタームが秘密にされていても、実測データと一致しているならば、まだ信用することもできるでしょう。ところが、ＤＳ８６の計算値は、爆心地から一キロ以内では実測値より高くなっており、逆に、一キロ以上では実測値より低くなり、二キロ以上になると桁違いに小さくなるというのです。二キロ以遠の被爆者が「放射線の影響なし」として切り捨てられるはずです。

DS86は被爆者の実被害を
合理的に説明できない
甲A87号証の2

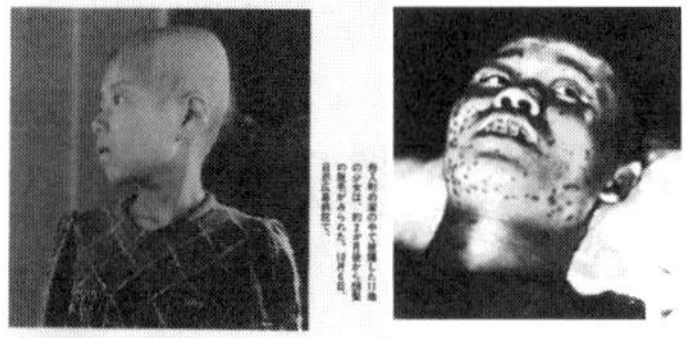

（4）脱毛など現実の急性放射線障害を説明できない

ＤＳ８６は、上述したように、遠距離になればなるほど放射線量を過小評価していますから、二キロ以遠で被爆した人に現実に発症した脱毛などの急性放射線障害を説明できません。

これに対し、国は、「放射線の影響ではなく、ストレスでも脱毛は起こるのではないか」などと反対尋問しました。しかし、野口証人は、「被爆距離が遠い人や、コンクリート建物の中にいた人で脱毛率が減ることからすると、被爆との関連を疑うのが、最も科学的ではないのか」と、すかさず反論されました。

（5）対案を模索する国

最後に、国は、「原因確率以外で、放射線起因性を判断する対案をお持ちですか」と尋問しました。

これは、国自身、現行の原爆症認定基準の問題点を自覚し、これに代わる対案を模索していることを示すものです。

（6）胸がすっきりした被爆者

国の反対尋問に対して的確に反論される野口証人の姿に、傍聴していた被爆者からは、「胸がすっきりした」などの感想を寄せていました。

外部被曝と内部被曝

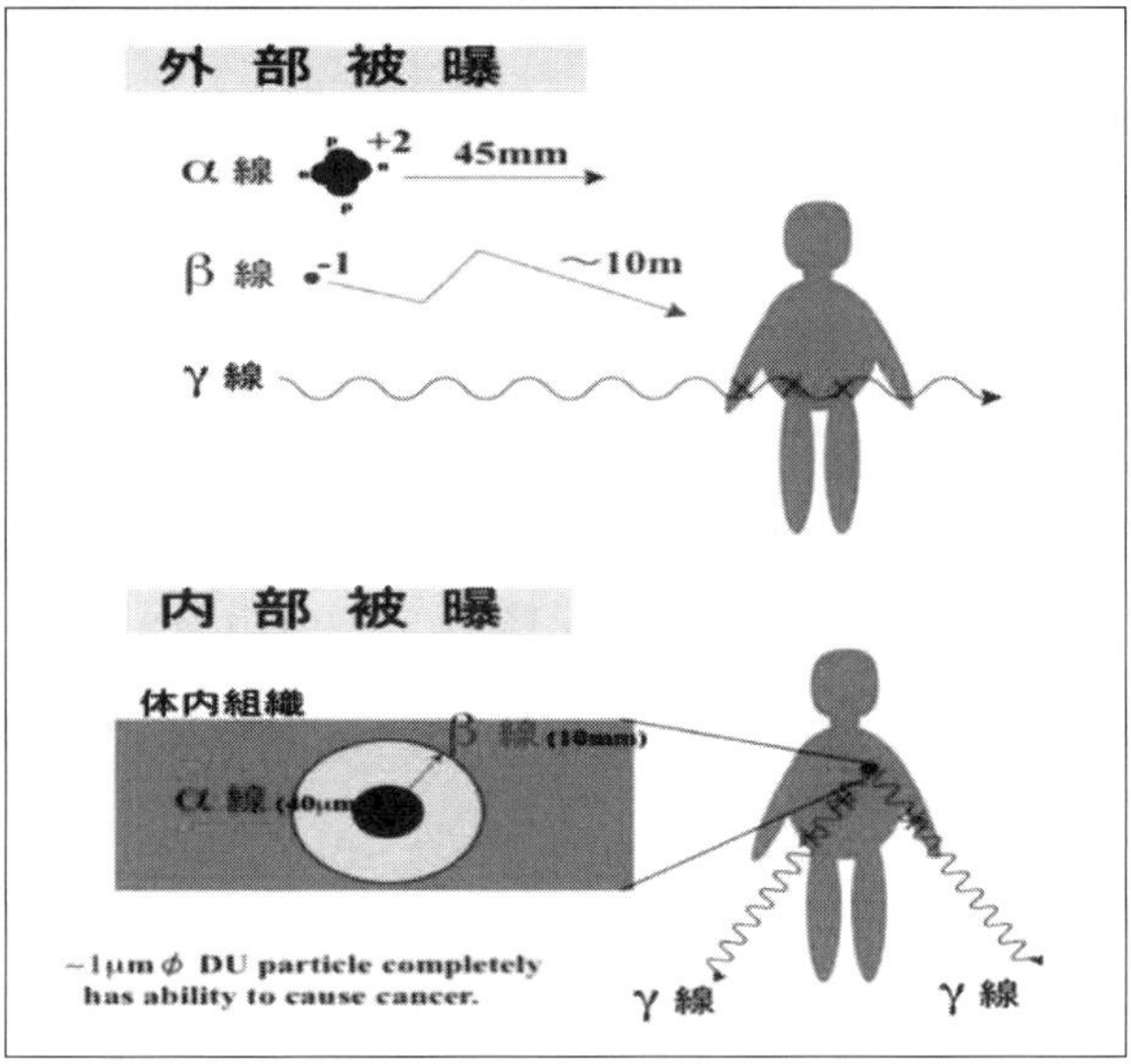

2　矢ヶ崎克馬証人尋問（物理学＝琉球大学教授）

野口証言では、国の現在の認定基準が、原爆被害の実態にそぐわないことを余すことなく明らかにしました。そこで、次に、原告弁護団は、それは、国が残留放射線の内部被爆の影響を無視しているためであることを明らかにしようと考えました。

矢ヶ崎氏は、物理学の立場から、放射線の内部被爆の影響を研究され、近時は、劣化ウラン弾の人体影響についても論文を発表されています。

(1) アルファ線、ベータ線による内部被爆の危険

矢ヶ崎証人は、まず、原爆放射線のうち、爆発直後に放出されるガンマ線と中性子線（初期放射線）は、おもに身体の外部から人体を貫く外部被爆の影響を考慮する必要があること、これに対し、その後、広い範

黒い雨と原始雲

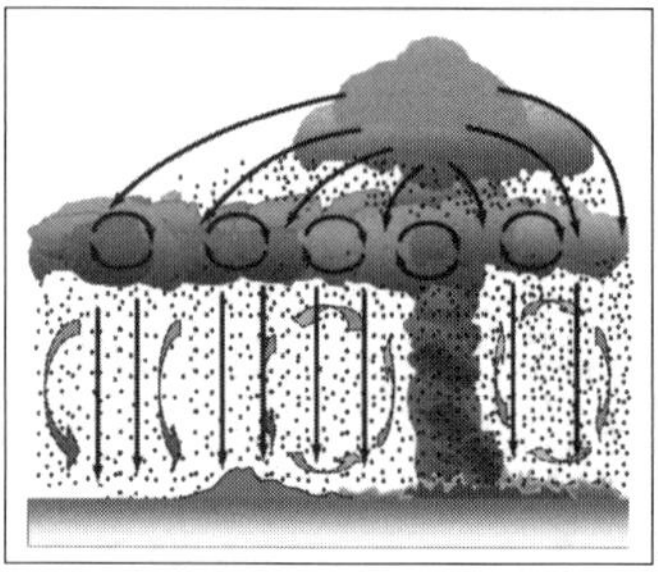

二重螺旋切断②

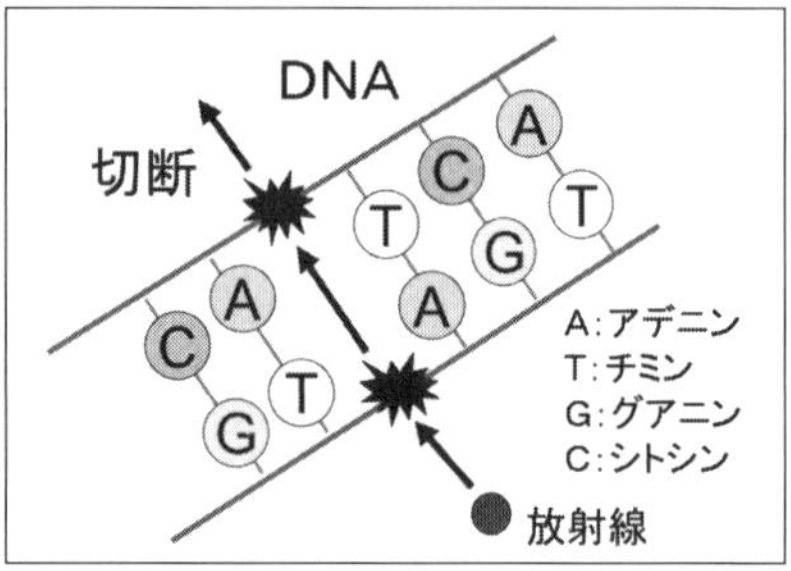

囲に降り注いだ放射性降下物（微粒子）が、呼吸や飲食を通じて体内に留まり、アルファ線やベータ線を放出することにより、内部から人体に影響を与える内部被爆は、外部被爆とは異なるメカニズムがあることを明らかにされました。

（2）DNA切断による発ガンのメカニズム

そして、放射性物質が体内のある臓器に留まった場合、一定の箇所（ホットスポット）に集中的に影響を与える結果、人間の身体にとって最も重要なDNAが損傷され（二重鎖切断）、修復できなかったDNAが異常細胞となり、発ガンの原因になったりすることを明らかにされました。

（3）爆心から離れたところで大量のフォールアウト

続いて、爆発後、地上に降り注ぐ放射性微粒子は、気流の関係で、爆心地付近よりむしろ離れたところでたくさん降り注いだことを、自身が作成された図を使って明らかにされました。

（4）台風の影響をふまえないDS86

DS86が使用している残留放射線の測定値は、原爆投下後、四八日経過後になされたものであり、九月一七日の枕崎台風の洗礼を受けた後であること、しかもこれを補正せずに使ったことを国も認めていると指摘されました。このように、初期設定が間違っているので、残留放射線の推定線量が過小評価され

DS86 残留放射能測定

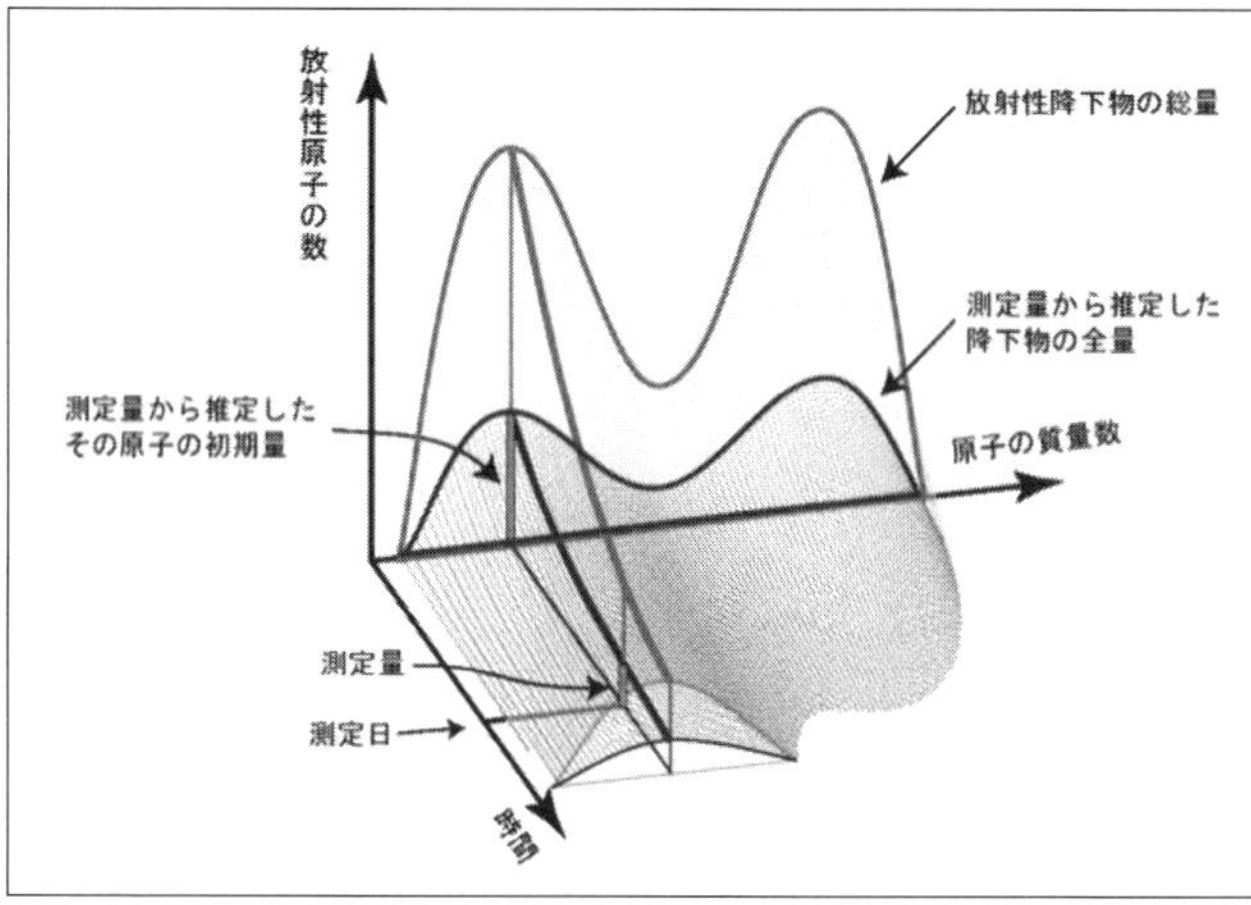

ていることを明らかにされました。

(5) 原爆投下後の行動などを丁寧に見ることが大切

最後に、矢ヶ崎氏は、内部被爆の影響を科学的に評価するためには、被爆者がどこにどのくらいいたか、そのときの健康状態、飲食状況などを丁寧に見て判断する必要があるとされました。

(6) 裁判官も内部被爆に大いに関心

国の反対尋問の後、裁判官からもいくつかの質問がなされました。「DS86が台風の影響を考慮していない点をどう考えますか」、「黒い雨に関する分布図についてどう評価されますか」、「広島でウラン235の発見結果が報告されていない原因は何だとお考えですか」など、放射性降下物による内部被爆について、裁判官が大変興味を抱いたことが明らかになりました。

(7) 励まされる被爆者

傍聴していた被爆者からは、「内部被爆はすべての被爆者の問題。とても励まされた」などの感想を寄せていました。

3　長崎現地検証

(1)　裁判官が長崎に行くまで

この裁判では、原告ら被爆者の病気が原爆放射線の影響であるかどうかが争われています。その場合、原爆投下直後に被爆者がいた場所はもちろん、その後の行動経路も重要であることは、これまで述べてきたとおりです。原爆投下後に爆心地付近に家族を探しに行ったり、けが人を救助したりする際に残留放射線を被爆している可能性が高く、この影響を無視しては、原爆放射線の影響を正しく評価できないからです。

原告弁護団は、裁判官が、裁判所の中で地図を見て確認するだけでなく、原爆が投下された現地に足を運び、当時の写真や地図などと照らし合わせながら原告らの話を聞くことが、被爆の実相に接近する上で重要なことだと考え、長崎での現地検証を申し立てました。

これに対し、国は、「被爆当時と今は様子が変わっている。検証ができるのか」などとして、これに反対しました。

しかし、熊本では、これまでも現地検証を行い、それが問題の解決に大きな役割を果たした経験がありました。水俣病の裁判では、チッソのアセトアルデヒド製造工場を検証しました。川辺川利水訴訟では、国がダムから水を引こうとしている現場を検証しました。ハンセン病国賠訴訟

写真2

写真1

では、患者・元患者が長年にわたって隔離されてきた菊池恵楓園を検証しました。いずれの裁判でも、裁判官が、現実に被害の現場に足を運ぶことで、被害に接近し、問題の解決に大きな役割を果たしました。

原告弁護団は、このような例を挙げながら、原爆投下から六〇年経過しても変わらないものもあるし、現地に行くと行かないとではリアリティが全然違うとして検証の採用を求めました。弁護団は、支援者らとともに、採用までに三度、採用後に二度、長崎を訪れ、長崎の被爆者の協力も得ながら、検証の準備を進めました。その甲斐もあり、裁判官は、国の反対を押し切って、長崎の現地検証を採用しました。

(2) 長崎現地にて

長崎では、①稲佐山観光ホテル、②西坂公園、③爆心地公園、④原爆資料館の四カ所を検証しました。

①稲佐山観光ホテル

まず、稲佐山の中腹にある稲佐山観光ホテルでは、長崎市全域が見渡せる屋上をお借りして、原告代理人の中島潤史弁護士（写真1）が、爆心地を初め、三菱兵器長崎工場、長崎大学医学部、稲佐橋、長崎駅、長崎県庁、三菱造船など、原告らの被爆地点に関わる重要ポイントの位置関係及び、原爆投下直後の

写真３

写真４

状況を説明しました。

そのうえで、原告の井上保さん（写真2）は、自分が、長崎港の船の上で作業中に被爆した状況を説明しました。「こんなに離れているのに、そんなにひどいやけどを負うものかと疑問に感じられるかもしれません。しかし、事実です。後ほど、原爆資料館に展示してある焼けた竹を見てください。私の被爆地点と同じくらい爆心地から離れた場所の竹が見れるはずです。竹の表面が焦げるほどの熱戦です。これだけ離れた距離でも、それほどのエネルギーのある熱戦が届くのです。放射線も同じように届いたのではないでしょうか」（検証調書より）。

次に、勤務先の稲佐郵便局で被爆した坂口和子さん（写真3）が、ホテルの下の稲佐公園を通って自宅に避難した様子を説明しました。「私は、電報を送り終わって電話室から出ようとしていたのですが、その瞬間、ピカッと光るのと同時に爆風で体が吹き飛ばされました。私は、爆風により建物の奥まで飛ばされ、気がついたときにはうつぶせになっており胸から下が瓦礫の中に埋もれて動けない状態でした。……足腰がしびれてちゃんと歩けなかったのですが、木の枝を切ってもらって作った杖をつきながら、山道を歩き続けました」（検証調書より）。坂口さんは、若くして変形性脊椎症になったにもかかわらず、

写真５

写真６

原爆放射線の影響と認められなかったため、現在、裁判をしています。

②西坂公園

西坂公園では、まず、原告代理人の加藤修弁護士（写真４）が、全焼した長崎駅付近の写真を示しながら、長崎駅付近で被爆した原告らの被爆状況を説明したうえで、原告らが自らの被爆状況を説明しました。

まず、原告の村上努さん。「私が被爆した大黒町の鉄道郵便局の宿舎から長崎駅付近の防空壕まで、四つん這いで行った時の状況は、途中の道路上には、付近の建物が爆風で押し倒されたことによる残骸がたくさん散乱していました。私は、これらの残骸の上を這って行きました。防空壕は、長崎駅前の西坂公園の坂の下にあったと思いますが、防空壕の中には、私と同じように被爆して、負傷した人々が大勢避難していました」（検証調書より）。

次に、原告のＭ・Ｋさんが、被爆直後に避難した五社神社を見上げながら説明しました。「私は、爆心から南東約二・一キロメートルの西坂町の自宅で直接被爆しました。姉に助けられて家を出ると、真っ黒に焦げた人が両方から支えられて小高いところにある五社神社に避難していました。五社神社から下を見ると、浦上の方からどんどん燃え移って拡がっていくのがはっきりわかりました」（検証調書より）。

③爆心地公園

爆心地公園では、まず、原告代理人の三角恒弁護士（写真5）が、爆心地付近の写真を示しながら、爆心地付近を通った原告らの被爆状況を説明しました。

そのうえで、原告の菅玉時さん（写真6）が、三菱兵器立神工場で被爆した後、稲佐橋を渡って、三菱兵器大橋工場に同僚を探しに行ったときの様子を説明しました。「稲佐橋を渡るときに橋の下で大勢の死体を見ました。……大橋工場で覚えていることは、大橋工場に通い始めてから何日かしたころ、大橋工場で亡くなった方々が、真っ白いきれいな布に包まれて四〇体ほど一列にずらっと並んでいました」（検証調書より）。

写真７

④　原爆資料館

原爆資料館では、原告代理人の小西直樹弁護士（写真7）が、いくつかのポイントに立ち止まりながら、指示説明をしました。

「原爆による火災の検証」（図）の前では、爆心地から二キロメートル以上の地域まで火災が発生し、至る所に煙が立ち上り見通しがきかなかったという原告らの供述を裏付けました。

「孟宗竹の表面に残った熱線の痕」の前では、爆心地から約四・二キロメートルにあった孟宗竹の表面が黒ずみ、枝や葉の影になった部分は白く浮き上がっており、遠距離とされる地域にも

（第三種郵便物認可）　　2005年（平成17年）11月26日（土曜日）　讀賣

原爆症認定訴訟

初の被爆地検証

原爆症認定を却下された県内の被爆者らが国の却下処分取り消しなどを求めている訴訟で、熊本地裁の永松健幹裁判長らは25日、長崎市で現地検証を行った。東京、広島、長崎など全国の12地裁（原告168人）で起こされている一連の原爆症認定訴訟で、被爆地の現地検証は初めて。

写真を使い、当時の状況を説明する弁護士（奥）ら（長崎市の稲佐山観光ホテル屋上で）

長崎　裁判長ら30人参加

原告側は検証の目的について、原告のがんなどの疾患には、直接被爆に加え、残留放射線を含んだほこりやちりなどを吸い込んだことによる内部被爆も影響していることを、裁判官に体感してもらうためとしている。

検証には裁判官3人、原告5人ら計約30人が参加。原告側は長崎市街地が見渡せる同市の稲佐山や爆心地などで、原告らが原爆投下直後にたどった経路や状況などについて、パネルを使って説明。また、長崎原爆資料館では原爆による熱線、爆風、放射線の物的、人的被害について立証した。

14歳の時、勤めていた稲佐郵便局で被爆した原告の坂口和子さん（74）（八代市日奈久竹之内町）は、稲佐山観光ホテル屋上で「電報を送り終えた時、ピカッと光るのと同時に爆風で体が吹き飛ばされた。数時間後、自宅へ帰るため、がれきのなか外人墓地を通って稲佐公園まで歩いた」などと説明。

平和公園内の爆心地と長崎原爆資料館では、弁護団が爆心地から4キロ以上離れた建物の壁に、熱線で「人の影」ができたことなどに触れ、「原爆のすさまじい威力は、相当遠い距離であっても、当然人体にも多大な影響を与えた」と立証した。

一方、国側は「原告の被爆の事実は認めるが、そのほかは不知」などと反論を繰り返した。

検証後、板井優弁護団長は「裁判官には内部被爆の実態をよく理解してもらえたと思う」と話した。

読売新聞　2005年11月26日付

熊本日日新聞　（夕刊）　平成17年（2005年）11月

熊本地裁

被爆実態 長崎で検証

裁判官ら 原爆症訴訟で全国初

原爆症認定熊本訴訟の現地検証で、原告から被爆当時の状況などを聞く永松健幹裁判長（右端）ら＝25日午前10時、長崎市

国に原爆症認定申請の却下処分取り消しなどを求める「原爆症認定熊本訴訟」で、熊本地裁（永松健幹裁判長）は二十五日、長崎市で現地検証を行った。全国十二地裁で被爆者百六十八人（十八日現在）が集団訴訟に加わっているが、裁判所が被爆地を検証するのは初めて。

同訴訟では、被爆者が「がんなどの疾病は原爆放射線の影響が明らか」と原爆症認定を求めたのに対し、国が「影響はない」と却下したのを不当として、取り消しを求めている。今回の現地検証は被爆実態を調べるのが狙いで、原告側の要望に熊本地裁が応じた。

永松裁判長ら裁判官三人をはじめ、原告五人と弁護団、被告の国側から計約三十人が参加。長崎市を一望できる稲佐山中腹のホテルでは、原告弁護団が被爆当時の写真パネルを掲げ、現在地を指差して説明。これに対し、国側は「（原告の）被爆の事実は認める」と述べるにとどめた。

裁判官を前に、原告の坂口和子さん(七四)＝八代市＝は「ピカッと光ったのと同時に、爆風で体が吹き飛ばされた」、井上保さん(七五)＝熊本市＝は「私の被爆地点は爆心地から離れているが、原爆でひどいやけどを負ったのは事実」と被爆当日の状況を語った。

同日午後には爆心地公園と原爆資料館を訪れ、原爆被害の実態を検証。

同地裁は検証内容を書面とビデオに記録し、審理の参考資料にする。板井優弁護団長は「原爆被害のうち、国が影響を軽微とする内部被ばくの実態を体感してもらえた」と話している。同訴訟では今後、原告を診断した医師の証人尋問などがある。

（田口貴一朗）

熊本日日新聞　2005年11月25日付

強い熱線が及んでいたことを体感できました。

「担架」の前では、数名の原告がケガ人の救助のため使用したものであることを明らかにし、救助活動を通じての放射線の内部被爆の可能性を示唆しました。

⑤総括

以上のように、長崎現地検証では、裁判所の中に閉じこもって、論争しているだけでは体感できない臨場感を裁判官に抱いてもらい、六〇年前の被爆の事実に接近するうえで、有意義なものとなりました。

Ⅵ　原告の訴え

上村末彦（一九歳のとき広島で被爆、膀胱ガン）原告団長

陸軍船舶通信補充隊（暁部隊）に入隊し、兵舎で仮眠していたときに被爆しました。「パーッ」という白い光とともに、「バーン」という雷が落ちたような爆音で起こされました。窓際にいた上官が「やられた」と言って背中を押さえていました。音が静まったので、毛布をはいで周囲を見ると、地震の後のように兵舎の角材等が折り重なって落下していました。ガラス窓も割れて床に飛び散っていました。しばらくして、上官から「みな、舎外に出ろ」と言われ、落下した角材の間を縫ってようやく脱出しグランドに出ました。

兵舎裏の比治山の防空壕に避難すると、一般市民もたくさん避難していました。女性の髪の毛はやけちぢれ、モンペは焼けただれ、赤ん坊は浅黒く焼けこげたような状態で、なすすべもありませんでした。それから毎日、九月はじめに除隊するまで、兵舎のかたづけや、救護所での看護、死体の運搬・火葬をしました。看護といっても、熱傷したところに食用油を塗るのが精一杯でした。小学校の運動場に死体置き場を掘り、死体を次々に火葬しました。

八代に引き上げてきてからも、「自分は結婚できるんだろうか」「子どもにはちゃんと指が五本あるだろうか」と悩みました。これまで、尿管ガンを一度、膀胱ガンを二度切除しました。何度もガンになるのは原爆のせいに違いないと主治医の先生もおっしゃっています。原爆が、人の心も身体もずたずたにすることを、厚生労働大臣は理解されているのでしょうか。

これまで、原爆症と認められれば、「あなたは、もうすぐ死ぬんです」と言われるのと同じで、うれしくはないものと思っていました。

一緒に兵隊に行った戦友は肝臓ガンで認定申請しましたが、認められないまま亡くなりました。戦友の無念を晴らすためにも、国の姿勢を改めてもらいたいと思っています。

坂口和子（一四歳のとき長崎で被曝、変形性脊椎症・骨粗鬆症・変形性膝関節症）

昭和二〇年の四月から稲佐郵便局で働き始めました。八月九日、電報を送り終わって電話室から出ようとした瞬間、「ピカッ」と光るのを同時に爆風で体が吹き飛ばされました。爆風で建物の奥まで飛ばされ、気が付いたときにはうつぶせになっており、胸から下が瓦礫の中に埋もれて動けない状態でした。

数時間して助け出され、自宅に帰ろうとしたのですが、付近一面が爆風でめちゃくちゃで、どこが道か分からない状態でしたので、助けてくれたおじさんから、「稲佐公園まで登って山伝いに帰った方がいい」と言われ、外人墓地を通って稲佐公園まで連れて行ってもらいました。

稲佐公園から山伝いに自宅を目指しました。足腰がしびれてちゃんと歩けなかったのですが、木の枝を切ってもらって作った杖をつきながら、山道を歩き続けました。歩き続けて一日半かかり、飲まず食わずで家に帰り着きましたが、我が家も吹き倒されてぺしゃんこになって崩壊しており、燃えていました。

直後から、血の混じった下痢や吐き気、微熱、貧血が続きました。八代に引き上げてきたその年の九月頃から、ブラシに着いてくる髪の毛の量が多いことに気づきました。紫斑や歯茎からの出血もありました。貧血で食事がとれない状態も続きました。

治療費がなかったので、昭和二二年まで、病院に行くことも出来ませんでした。病院では、「重いものを担いだりとか運んだりとか、していたんじゃないか?」と聞かれました。そのとき、変形性脊椎症、変形性膝関節症と診断されました。一六歳でした。

腰が痛くて歩くのが大変なので、どこへ行くにも杖が欠かせません。長時間座っていることも出来ません。この苦しみは、被爆してから現在まで、ずっと消えることはありません。この苦しみが原爆によるものとなぜ認めてはもらえはないのか、憤りを感じます。

鈴田智蔵（一二歳のとき長崎で被爆、多発性骨髄腫）の妻

夫は、自宅のそばで草刈りをしているときに被爆しました。その後、爆心地付近をとおって、何度も姉の家のかたづけに行ったそうです。被爆直後、下痢や発熱が続き、昭和三〇年頃には毛

が抜けたようです。多発性骨髄腫で申請したものの却下され、裁判をしましたが、認定されないまま亡くなってしまいました。夫の無念を晴らしたいと思っています。

ＨＦ女性（一八歳のとき長崎で被爆、膀胱ガン）

三菱兵器大橋工場に勤めていましたが、八月九日は、母が「胸騒ぎがする。二度と会えなくなるような気がする」と言うので休みました。原爆が落ちた後、工場に同僚を探しに行きましたが、工場はペチャンコで、同僚に会うことは出来ませんでした。被爆直後から、吐き気、下痢、下血、食欲不振、頭痛、ひどいだるさがあり、それ以来、身体が揺らぐ症状が続き、年齢を増すごとに上の方に上がってきています。昭和三〇年から七年の間に三回流産、一回子宮外妊娠をしました。その後も、子宮筋腫、変形性腰椎症、白内障、糖尿病などで苦しんできました。膀胱ガンは原爆のせいとしか考えられません。

廣瀬昌昭（一五歳のとき長崎で被爆、膀胱ガン）

学徒動員で三菱造船にいました。工場で休憩していたときに被爆しました。連絡船が出ず、爆心地付近をとおって寮に帰りました。八月一五日、長崎駅が破壊されていたので、爆心地付近をとおって道ノ尾駅まで歩いていきました。昭和二二年頃、貧血でめまいがひどく寝込みました。昭和二八年頃には、視力が極端に落ちました。その後、胃ガン、膀胱ガン、前立腺ガンになってしまいました。こんなにガンを繰り返していることを、国はどのように考えているのでしょうか。

黒田博子（一三歳のとき広島で被爆、胆管ガン）の夫

妻は、学徒動員で爆心地から一・二㎞の工場にいるとき被爆しました。右肩から首まで熱傷したうえ、工場の下敷きになり、全身を怪我したようです。土手に避難しているとき、黒いベタベタの雨に打たれ、焼けて半裸になっていた上半身やもんぺはびっしょり濡れたそうです。数日後から、血性の下痢、発熱が続き、「赤痢」ではないかと言われたようです。胆管ガンで認定申請しましたが、亡くなった後、却下されました。妻の長年の苦しみを思うと、なんとか認定してほしいと思います。

井上保（一五歳のとき長崎で被爆、前立腺ガン・甲状腺機能低下症）

学徒動員で、三菱造船に配属されました。工場から櫓こぎ船（ダンベ船）で対岸に運ぶ途中、海上で被爆しました。爆風で船が大きく揺れ、パニックになりました。八月一五日、爆心地付近をとおって道ノ尾駅に行き、熊本に帰りました。熊本に帰って一ヶ月ほどすると、髪が抜け初め、下痢や発熱も続きました。前立腺ガンと甲状腺機能低下症になり、認定申請しましたが、その後、大腸ガンにもなってしまいました。一日も早い解決をお願いします。

志垣秋男（一八歳のとき長崎で被爆、食道ガン・胃ガン）

徴用工として三菱重工の工場で作業中に被爆した後、けが人の救助にかけずり回りました。翌日からは、担架で死体の運搬をしましたが、死体から血や体液が流れてきてにおいがとれませんでした。その後、糖尿病、高血圧になり、さらに、食道ガン、胃ガン、左腎平滑筋種になりました。こんなに次々とガンや筋腫ができるのは原爆のせいに違いありません。どうして、国は原爆症と認定してくれないのでしょうか。

濱崎強（一歳のとき長崎で被爆、悪性リンパ腫）の妻

夫が、原爆の話しを私にしたのは、二八歳頃、髪の毛が大量に抜け初めてからでした。夫は、毛が抜けるのを気にして鏡台を壊してしまいました。そのとき、夫は、涙をいっぱいためて「長崎で被爆したから髪が抜けるんだろう」と言いました。母に背負われているときに路上で被爆したそうです。夫は、「白血病にはなりたくない」と言っていましたが、白血病で亡くなってしまいました。昨年の夏、初めて長崎に行きました。夫を苦しめ続けた原爆が憎いです。

NS女性（一〇歳のとき長崎で被爆）

立神国民学校の三年生のとき、三菱電機の工場前の路上で被爆しました。被爆後、下痢や吐き気、嘔吐、発熱、食欲不振が続き、一月は寝たきりでした。起きられるようになり、母に髪をすいてもらうとたくさん抜け、地肌が見えるほどになりました。四年生になる頃、歯がぐらつくようになり、一本ずつ抜けていき、三本を残して入れ歯になってしまいました。その後も、背中の痛み、ぜん息、貧血などが続き、肺ガンになってしまいました。国には、被爆者の苦しみをわかってほしいと思います。

宮本一幸（一六歳のとき長崎で被爆、食道ガン）の妻

夫は、食道ガンに加え、多発性脳梗塞になり、話しをすることが出来なくなりました。平成一〇年に悪性リンパ腫で入院して以降、毎日、病院に通っています。食道ガンについては、体力的に手術は無理と言われ、経過観察をしています。夫は、被爆したことで親戚からいろいろ言われ、自殺まで考えたとのことでした。私の親も結婚に反対しました。私自身、丈夫な子供が生まれるんだろうか、夫が早死にするんじゃなかろうかと、結婚を迷いました。夫の苦しみを裁判所で認めてほしいです。

井手静代（一六歳のとき長崎で被爆、細胞増殖機能障害・大腸ガン）

長崎市内の小学校で教員の補助をする仕事についていました。八月九日は、自宅待機でしたので、東山町の自宅で被爆しました。翌日から、爆心地から約七〇〇メートル地点にある山里小学校で一日中、けが人の介護をしました。被爆直後から歯茎から血が出たり、髪の毛が抜け、下痢も続きました。倦怠感が続いたので通院していましたが、薬を飲んでも全然治らず、仕事ができる状態ではなかったので一八歳で学校を退職しました。その後も、体がきつくて仕事もできず、普通の人のような生活を送れず惨めな気持ちになりました。胃ガンの全摘手術を受けましたが、その後、細胞増殖機能障害と診断され、さらに、大腸ガンが発覚しました。生きているうちに何とかして下さい。

Ⅶ　近畿判決の画期的意義と全面解決への展望

弁護士　板井　優

1　歴史の扉を開いた近畿判決

二〇〇六年五月一二日、大阪地方裁判所（西川知一郎裁判長）は、原爆症認定申請却下処分の取り消しを厚生労働大臣に求めていた原告被爆者九人に関して、全員を原爆症と認める歴史的かつ画期的な判決を言渡しました。

法廷内では、裁判所は判決を求めた九人の被爆者について、一人ひとり名前を上げて行政処分が間違っているという判決主文を読み続けました。これに対し、原告ら被爆者はもちろん、担当した若手弁護士らが喜びの涙を次々と流すという感動の連続でした。最後に、判決を下した裁判官らが退廷する際に、自然と拍手が起こりました。

さらに、裁判所の門前では、「全面勝訴」「国の認定制度を批判」と書いた垂れ幕の前で、支援に駆けつけた市民の中から歓声があがり、その場面は全国に放映、報道されました。

言うまでもないことですが、この判決は全国一三の裁判所で一七〇人の原告が闘っている原爆

朝日新聞 2006年（平成18年）5月13日 土曜日

原爆症不認定取り消し

大阪地裁判決

9人の訴え認める

国の審査「機械的」

広島や長崎で被爆し、がんなどにかかった被爆者9人が、原爆症と認められないのは不当として、国を相手に不認定処分取り消しと1人当たり300万円の国家賠償を求めた集団訴訟の判決が12日、大阪地裁であった。西川知一郎裁判長は「被爆と疾病との因果関係については、被爆前後の健康状態や症状などを総合的に考慮して判断すべきで、国の審査基準を機械的に適用すべきではない」と指摘。原爆投下直後に被爆地に入った「入市被爆者」や爆心地から5キロ以上の遠距離で被爆した原告を含む9人全員について「放射線に起因した発症とみるのが合理的」と認め、不認定処分を取り消す原告勝訴の判決を言い渡した。賠償請求は棄却した。＝37面に判決要旨、38・39面に関係記事

勝訴の判決を聞き弁護士(左)と喜ぶ原告の(右から)甲斐常一さん、木村民子さん、小高美代子さん、佐伯俊昭さん＝12日午後、大阪地裁で、荒元忠彦撮影

原爆症の認定をめぐっては、03年4月以降、大阪地裁のほかに被爆者約160人が東京など12地裁で訴訟を起こしている。国の認定審査のあり方を正面から批判したこの日の判決は、各地の訴訟にも影響を与えるとみられる。

勝訴したのは、がんや甲状腺機能低下などを発症している大阪、京都、兵庫の3府県に住む60～81歳の男女9人。7人は爆心地から1・5～3・3キロで被爆しており、2人は入市被爆者だった。

判決はまず、国の審査方針の妥当性について検討。放射線の被曝線量の算定評価システム「DS86」と「DS02」について「放射線量を計算するには現存する最も合理的なシステム」と認めた。疫学調査なども加味してがんなどの疾病が発生する危険性を数値化した「原因確率」についても「考慮要素の一つにすることは不合理とはいえない」とした。

一方で、①1・3キロ以上離れた場所の放射線量を過小評価している疑いがある②2キロ以上先で被爆した「遠距離被爆者」にも脱毛などの放射線による急性症状がみられた――などと指摘。1・3～1・5キロ以遠の被爆者については機械的な適用に慎重であるべきだとした。

残留放射線や爆発で発生した放射性降下物による被曝、放射性物質を吸い込んだことなどによる内部被曝の危険性も認定。入市被爆者や遠距離被爆者については、これらの影響も考慮して判断すべきだとした。

そのうえで、現在の審査手法について「必ずしも妥当とは言い難い」と批判。「原爆症認定は被爆前後の生活や健康状態などを総合的に考慮して判断すべきだ」とした。

原告9人の病気と被爆との因果関係については、爆心地から1・5～3・3キロで被爆した7人に加え入市被爆者が飲食、呼吸などで被害を受けた可能性を考慮。脱毛などの症状が出た入市被爆者2人も「放射線に起因した発症とみるのが合理的」と、全員の疾病について原爆の放射線によって引き起こされた可能性があると結論づけた。

判決について、厚生労働省は「判決の具体的内容を確認していないのでコメントは差し控えたい。今後の対応は、判決内容をよく確認の上、関係省庁とも協議して検討したい」とする石井信芳・健康局総務課長名の談話を出した。

原爆症認定集団訴訟 国に原爆症の認定を拒まれた人たちが03年4月以降、不認定処分の取り消しと損害賠償を求めて長崎、熊本、鹿児島、札幌、横浜など13地裁に起こした。4月末現在の原告は170人で、地裁別の内訳は長崎（03年4月提訴）29人、熊本（03年6月提訴）21人、鹿児島（04年5月提訴）8人のほか、広島41人、東京30人、大阪13人など。

認定行政の全面転換迫る

解説 遠距離で被爆したり、爆発後に広島や長崎市に入ったりした人たちの原爆症不認定処分を取り消した12日の大阪地裁判決は、国の認定行政のあり方を全面的に批判、その転換を迫ったといえる。

国は従来、爆心地からの距離をもとに被爆放射線量を算出する「DS86」と呼ばれる推計方式を利用して認定審査にあたっていた。01年、距離に性別や被爆時の年齢、疫学調査などの結果を加味する「原因確率」という新基準を創出して認定審査に導入したが、認定率は導入前より下がった。

今回の判決は、こうした国の審査を批判しただけでなく、3キロ以遠で被爆した人や原爆爆発後に市内に入った「入市被爆者」も原爆症と認めた。国の認定審査は、原爆爆発後1分以内に放出された初期放射線の影響を重視。遠距離被爆者は放射線量を低く計算されるため認定されにくく、残留放射能の影響もほとんど考慮していない。

今回の判決では、最新の科学的知見をもとに、放射性降下物による被曝や呼吸や飲食による内部被曝の影響も考慮するべきだとまで踏み込んだ。

被爆者は高齢化し、残された時間は多くない。国は判決を受け入れ、早急な認定制度の抜本的見直しに踏み切るべきだ。（岩長忠雄）

朝日新聞 2006年5月13日付

症集団訴訟の最初の判決です。そして、国が却下した原告全員が裁判所によって原爆症とされたという意味で、事実上国の原爆症認定行政さらには被爆者援護行政を事実上断罪するまさに歴史的、画期的判決でした。

この判決は、大阪地裁で下されましたが、私たちは、この裁判の原告たち全員が近畿地方に住む人たちであるところから、大阪地裁判決といわずに近畿判決と呼んでいます。

判決は、原告らが却下処分は違法であるとして求めていた三〇〇万円の慰謝料については棄却しました。しかし、国の原爆症認定行政が事実上断罪されたということに変わりはありません。

これに対し、厚生労働省は、同月二二日、大阪高等裁判所に控訴をしました。その理由は、「現行の認定制度は医学・放射線学の常識に基づくもので、それとまったく異なる判決が出た」というものです。

しかし、国の控訴はいたずらに解決を引き延ばし、全て被爆者らが死に絶えるまで苦痛を押し付けるものに過ぎません。このように血も涙も無いのがわが国の原爆症認定行政にほかならず、絶対に許されないものです。

2　近畿判決の画期的な意義

①国が却下した原告被爆者全員を原爆症としたこと

判決は、国が却下した九人全員を原爆症としました。これは、国の却下処分が理由の無いことを裁判所が個別に審理して明らかにしたものです。すなわち、判決は「被爆状況や前後の健康状態、被爆後の行動経過や生活環境などを総合的に考慮し、被爆が病気の発生を招いた高い可能性が認められるかどうかを判断」することによって、国の処分が被爆の実態を反映していないことを国民に明確にしたものです。

②事実上断罪された国の被爆者大量切捨て政策

では、国の原爆症認定行政はどこが間違っているのでしょうか。私たちは、国が原爆症として認定して補償された事例は正しく判断されたものと考えています。問題は原爆症でないと切り捨てられた事例です。私たちは、本来補償を受けるべき被爆者が大量に却下されていることを問題にしているのです。

原爆症認定訴訟では、これまで長崎で松谷英子さんが最高裁まで一二年間闘い、地裁・高裁・最高裁と三回とも勝利しました。京都、東京では小西建男さん、東数男さんが高等裁判所の判決までそれぞれ二回ずつ勝利しました。要するに、七連勝です。

国は、とりわけ二〇〇〇年七月一八日の松谷訴訟最高裁判決を受けて、従来のＤＳ８６による認定制度を医学と放射線学の成果を取り入れたとする原因確率論を前提として運用を始めました。

この根拠が、二〇〇一年五月二五日付け「原爆症認定に関する審査の方針」です。

本来であれば、最高裁で勝利した松谷さんの事例はこの「方針」で補償の対象に入るはずです。

しかし、驚くことに松谷さんの事例は救済されないのです。そればかりか、この「指針」ができた二〇〇一年から原爆症の認定率は三割を切りました。これは、一九五七年（九七％）に認定制度が出来てから初めてのことでした。すなわち、二〇〇二年には一九％、〇三年には二四％、〇四年には二五％となり、認定申請者の四人に三人が切り捨てられるという事態が続いているのです。これでは、まさに被爆者大量切捨て政策でしかありません。

今回の判決は、「指針」が放射線の影響を認めていない爆心地から三・三キロの遠距離被爆や入市被爆を認めています。さらに、判決は、「指針」では貧血など放射線汚染が明確に認められていない疾病についても広く起因性を認めています。

③原爆被害が長年月に及ぶ広汎かつ深刻な被害であることを明確にしたこと

現在の認定制度では不思議なことに、一九八二年度から、年度末の認定被爆者は二〇〇〇人台を推移しています。それまでは四〇〇〇人台でした。現在、被爆者手帳を持っているものが約二六万人ですが、認定被爆者はその〇・七％に過ぎないのです。

私たちは、こうした事態は、被爆の実態ではなく、国の予算の範囲内で原爆症認定行政が行われている結果と考えざるを得ません。原爆による被害は、直爆による死亡から原爆放射線による緩慢な死までまさに個人の一生ではなく、世代をも超えて発生する深刻なものです。この被害を直視し、明らかにすることがノーモア・ヒロシマ、ナガサキの声に応えるものです。

3　総合　10版　2006年(平成18年)5月13日　土曜

社説

国は認定基準を改めよ

原爆症

原爆の放射線を浴びて苦しんでいるのに、なぜ原爆症と認めてもらえないのか。

3年前から被爆者たちが全国各地で集団訴訟を起こしたのは、それぞれの病気が原爆によるものだと国にはっきりと認めさせたかったからだ。

大阪地裁はその訴えを認め、原爆症の認定申請を却下した厚生労働大臣の処分を取り消した。国は控訴せず、すみやかに原告らを原爆症と認めるべきだ。

原爆の放射線が原因でがんなどになったと認められれば、国などが医療費のほか、治療中は月額約13万7千円を支給する。それが原爆症の認定制度だ。

認定にあたっては、爆心地からの距離をもとに被曝《ひばく》放射線量を推定し、原爆症かどうかを審査してきた。ところが、最高裁は00年7月、この方式について「機械的な適用では被爆の実態を十分に説明できない」と批判した。

そのため、国は新たな認定基準をつくり、推定される被曝放射線量に加えて、被爆した時の年齢や性別などを考慮に入れることにした。

しかし、基準を手直しした後も、爆心地からの距離で認定が決まるのが実情だった。おおむね爆心地から2キロまでの被爆でしか原爆症と認められない。

一定の被爆条件のもとで被爆者健康手帳を交付されている被爆者は約26万6500人いる。しかし、原爆症の認定の壁は厚く、認定されているのは被爆者の1%にも満たない2251人だけだ。

問題はそれだけではない。認定者は原爆投下時の直接被爆に偏り、残留放射能の影響を十分考えていないのだ。

原爆投下後に被爆地に入った人は放射能に汚染された砂やほこりにさらされ、水や食物に混ざって体内にとりこまれた放射性物質によって被曝した。そうした人たちは「入市被爆者」と呼ばれるが、原爆症と認定されたのは皆無に近い。

全国の13地裁に提訴した集団訴訟では入市被爆者も初めて原告に名を連ねた。原告の総数は170人にのぼる。

今回の判決は「推定被曝放射線量などは認定の要素の一つとして見るべきだ」「これらを機械的に適用して判断するのは相当ではない」として、国の認定基準を真っ向から否定した。入市被爆者や爆心地から3・3キロ離れたところで被爆した原告ら9人すべての訴えを認めた。

一人ひとりの被爆の状況や病歴など暮らしぶりを丹念に調べ、それらを総合的に判断して認定すべきだ。判決はそう指摘したのだ。原告らの生活実態をつぶさに検討することで、被爆者たちが訴えてきた残留放射能の健康被害への影響も初めて認めた。

被爆から60年以上たっても、偏見や差別を恐れ、子どもの就職や結婚の妨げにならないかと認定申請すら見送っている人は少なくない。

「すべての被爆者に勇気を与える判決」という被爆者らの声を、国は真剣に受け止めなければならない。

朝日新聞　2006年5月13日付

3　全面解決への展望

①生きているうちに救済を

今回の判決が、現行認定制度を事実上断罪していることは先に述べたとおりです。私たちは、国がこの判決を受けて、控訴するのではなく現行認定制度をどうやって被爆者を救済するものにするかを話し合って変えていく方向を国（厚生労働省）に提案しました。

しかし、国は控訴にあたり、「今回の判決の対象とならなかった原告がいる大阪地裁を含め、熊本など一三地裁で係争中の集団訴訟の判決も見極めたい」（二〇〇六年五月二三日熊本日日新聞）との態度をとっています。現在、被爆者たちは追加提訴を行っています。したがって、国の姿勢は全ての被爆者が判決を取ることを求めているということになりかねません。

六〇年前に被爆した原告らの平均年齢はすでに七〇歳を超えています。このままでは国は、本当に全ての被爆者が死に絶えるまで、行政としてなにもしないということになります。

かつて、水俣病第三次訴訟第二陣を審理していた熊本地裁の足立昭二裁判長は「どんなにいい解決でもお墓に布団をかぶせるようなものであってはならない」と明言しました。残念ながら、国はそれと同じ過ちをしようとしています。

私たちは、全ての被爆者が生きているうちに被爆の実態に基づいた補償を受けられるよう国民の皆さんに訴えます。厚生労働省がこうした国民の声に耳を傾け直ちに現行の被爆者大量切捨て政策を転換することを求めます。

②被爆者大量切捨て政策を転換すること

私たちは、現行制度が全ての被爆者を切り捨てているとは言っていません。国が被爆者の一部を救済するのは当然としても、被爆の実態を無視して認定申請者の四人に三人を切り捨てていることを批判しているのです。

例えば、アメリカには「放射線被爆退役軍人法」（一九八八年）があります。この法律では、原爆投下後の一九四五年九月から四六年七月一日までに広島・長崎に駐留した米退役兵士及びその遺族らに向けた補償がなされています。現在では二一種のがん疾病に補償がなされています。これはいわゆる入市被爆の例ですが、この法律では、放射線被爆が推定されています。しかし、わが国の原爆症認定行政では、原爆症と認定されていないのです。

行政のいう原因確率論は、初期放射線のみを問題にしています。しかし、広範囲に撒き散らされた放射性降下物などによる残留放射線は考慮されていません。初期放射線による被爆距離も見直されるべきです。そうすれば、遠距離被爆や入市被爆も放射線の影響を認めることが出来るはずです。

また、放射線と起因性のある疾病を限定するべきではないはずです。

③いわゆる統一意見書を基準にした解決を求めて

私たちは、厚生労働省が新たな基準となる「指針」を明確にしないのであれば、裁判所において、原爆症診断に関与した医師たちが明らかにした医師団意見書（以下、統一意見書と呼びます）

による解決の道筋を明らかにすべきと考えています。

この統一意見書は、第一に、放射線の影響を原子爆弾が爆発した時点の初期放射線による直接被爆だけでなく、残留放射線による外部被爆、内部被爆、そして直接被爆も広島、長崎の現実にそった被爆線量に出来る限り近づけることを前提にしています。第二に、現在までに原爆放射線の起因性が認められる疾病についても広く明らかにしています。

私たちは、現在の原爆症認定行政を転換させるために、裁判所がこの統一意見書が示している見解を十分に審理して、判決の中で被害の実態に最も近い統一意見書の基準を示すことが必要にして不可欠であると考えるものです。厚生労働省が認定制度を見直さない以上、それは裁判所に課せられた歴史的責務ではないでしょうか。

これまでわが国では、水俣病やハンセン病問題など行政が旧来の間違った政策に固執し続けたときに、裁判所が被害者救済の立場から画期的な解決の道を示してきました。今回もそのような役割が裁判所に求められています。そして、当然のことでありますが、国民はその裁判所の判断を支持し、そうした中で、国（厚生労働省）は原爆症認定行政を画期的な形で転換せざるを得ないのです。

おわりに——世界のどこにもヒバクシャをつくるな

弁護士　寺内　大介

一緒に司法試験の勉強をしていた裁判官と話す機会があり、今どんな事件をやっているのかと聞かれたので、「原爆症認定訴訟」と答えたら、「原爆？」と声を裏返して問い直されました。そう、広島・長崎に原子爆弾が落とされたことを知らない人はいなくても、被爆者がしかも熊本で裁判をしていることを知る人は少ないのではないでしょうか。

不遜にも、熊本から、このブックレットを刊行した理由がそこにあります。

「原爆症の裁判を市民の皆さんに知ってもらいたい」、「被爆者の思いを少しでも共有してもらいたい」。もちろん、被爆者の思いを、ブックレット一冊で伝えることができるなんて考えていません。

しかし、原爆被害の実態を解明し、世界および次世代に伝えていくことは、唯一の被爆国である日本の責務ですし、より具体的には、被爆者を初めとする市民が果たすべき役割ではないでしょ

うか。

昨年、NPT（核拡散防止条約）再検討会議に圧力をかけるべく、ニューヨークに行ってきました。市内の高校で、被爆者が、自らの被爆体験を語った後、「あなたたちの教科書には『原爆を落としたのは、早く戦争を終わらせるうえで必要なことだった』と書いてあるが、どう思うか」、と質問すると、マンハッタン計画におじいさんが参加したという高校生が、「祖父は、確かに、『原爆投下は正しかった』と話していた。しかし、今のお話を聞いて、あまりの罪深さに、そう言うしかなかったのではないかと思う」と涙ながらに答えました。

イラクでは、劣化ウラン弾なる新たな放射能兵器が大量に使用され、小児白血病や甲状腺ガンなどが多発していると報告されています。

原子爆弾は、一瞬にして広島・長崎を、そしてそこに生きる人たちの命を奪い去りました。そして、生き残った被爆者を、六〇年経った今でも、自らの障害のみならず、子や孫への影響に悩み苦しませているのです。

被爆者の思いはただ一つ、「二度と自分たちと同じような苦しみを許してはならない」、「世界のどこにもヒバクシャをつくるな」。

平和を愛するすべての人たちと手をつなぐこと、それがわたしたちの願いなのです。

資料

全国各県の被爆者数
原爆症認定申請件数と認定状況
集団訴訟の裁判所と原告数
原爆症認定訴訟の経過
アメリカの「放射線被爆退役軍人補償法」
近畿訴訟（大阪地裁）判決要旨

全国各県の被爆者数　2004（平成16）年度末

県名	被爆者健康手帳所持者数					健康診断受信者証所持者数			合計
	第1号	第2号	第3号	第4号	小計	第1種	第2種	小計	
北海道	377	125	30	11	543	4	5	9	552
青森	51	26	10	2	89	0	0	0	89
岩手	40	24	10	2	76	0	2	2	78
宮城	167	64	8	6	245	1	2	3	248
秋田	26	19	2	2	49	0	0	0	49
山形	53	22	1	0	76	0	1	1	77
福島	91	26	12	4	133	0	2	2	135
茨城	380	114	25	14	533	4	9	13	546
栃木	219	51	13	8	291	0	4	4	295
群馬	161	36	9	4	210	0	4	4	214
埼玉	1,659	537	136	134	2,466	23	56	79	2,545
千葉	2,061	1,015	164	150	3,390	22	58	80	3,470
東京	5,869	1,861	429	303	8,462	42	92	134	8,596
神奈川	4,017	1,149	282	218	5,666	44	120	164	5,830
新潟	129	40	7	3	179	1	0	1	180
富山	64	40	6	4	114	0	2	2	116
石川	101	38	8	3	150	0	2	2	152
福井	100	24	3	3	130	0	2	2	132
山梨	89	27	2	2	120	0	4	4	124
長野	126	50	12	6	194	1	1	2	196
岐阜	408	173	59	16	656	8	11	19	675
静岡	653	181	43	36	913	5	22	27	940
愛知	2,252	606	196	121	3,175	33	110	143	3,318
三重	447	154	42	22	665	1	14	15	680
滋賀	320	117	38	13	488	4	14	18	506
京都	986	348	94	58	1,486	5	22	27	1,513
大阪	5,805	1,807	551	274	8,437	26	201	227	8,664
兵庫	3,389	1,390	347	178	5,304	49	103	152	5,456
奈良	558	231	44	39	872	6	16	22	894
和歌山	265	106	35	16	422	1	5	6	428
鳥取	287	270	31	6	594	0	3	3	597
島根	734	1,179	148	14	2,075	0	3	3	2,078
岡山	1,575	879	181	87	2,722	12	12	24	2,746
広島	16,016	16,790	5,685	936	39,427	80	30	110	39,537
山口	3,043	1,608	371	111	5,133	17	27	44	5,177
徳島	224	118	27	2	371	0	2	2	373
香川	462	118	23	24	627	4	3	7	634
愛媛	877	394	62	42	1,375	4	4	8	1,383
高知	203	81	11	8	303	1	2	3	306
福岡	6,360	2,307	581	149	9,397	61	241	302	9,699
佐賀	1,125	430	233	28	1,816	9	35	44	1,860
長崎	11,164	4,270	4,878	521	20,833	74	2,266	2,340	23,173
熊本	1,560	298	89	38	1,985	9	33	42	2,027
大分	716	235	50	29	1,030	3	9	12	1,042
宮崎	615	173	49	10	847	4	8	12	859
鹿児島	1,083	218	80	26	1,407	2	10	12	1,419
沖縄	169	92	2	9	272	1	2	3	275
広島市	50,337	20,523	8,151	2,638	81,649	378	12	390	82,039
長崎市	36,503	8,143	3,435	1,120	49,201	42	8,296	8,338	57,539
合　計	163,916	68,527	26,705	7,450	266,598	981	11,882	12,863	279,461

原爆症認定申請件数と認定状況 社団法人日本被団協原爆被爆者中央相談所

年度	申請件数	認定件数	却下件数	照会度数	認定率(%)	年度末認定被爆者数	年度末被爆者健康手帳所持者数
1957	1484	1436	48	0	97	1436	200,984
58	1393	1365	28	0	98		217,292
59	1073	1164	9	0	99		225,981
1960	1216	1911	16	9	98	4534	235,189
61	419	401	14	4	95	4843	248,526
62	207	184	16	7	89	4961	262,978
63	181	149	10	22	82	4576	268,291
64	137	115	18	4	84	4220	272,964
65	98	79	17	2	81	4202	291,595
66	89	62	23	4	74	4241	301,695
67	88	67	15	6	83	4293	313,161
68	399	227	156	18	61	4484	321,699
69	450	261	177	12	61	4058	326,037
1970	257	141	109	7	58	3986	333,045
71	235	130	88	17	63	4036	339,698
72	245	122	71	52	61	4105	346,843
73	203	105	84	14	52	4170	349,177
74	251	142	96	13	57	4279	356,527
75	213	78	128	7	37	4301	364,261
76	170	59	102	9	35	4278	366,523
77	149	65	81	3	44	4300	368,932
78	167	67	90	10	40	4221	370,594
79	241	89	137	15	37	4250	372,264
1980	286	110	168	8	38	4264	372,264
81	317	142	161	14	45	4340	372,140
82	260	116	141	3	44	2877	372,179
83	285	118	141	26	41	2458	368,259
84	288	125	152	11	43	2408	367,344
85	289	117	173	6	40	2229	365,925
86	316	125	148	43	40	2047	367,931
87	285	112	173		39	2062	359,931
88	284	116	168		41	2016	356,488
89	385	159	226		41	2035	352,550
1990	360	136	224		38	2038	348,030
91	296	100	196		34	1997	343,712
92	290	126	164		43	2039	339,034
93	232	84	148		36	2144	333,812
94	276	95	181		34	2197	328,629
95	428	138	290		32	2030	323,420
96	315	105	210		33	2049	317,633
97	473	170	303		36	2092	311,704
98	325	117	208		36	2074	304,455
99	360	187	173		52	2166	297,613
2000	222	120	102		54	2238	291,824
01	657	173	484		26	2169	285,620
02	915	174	674	62	19	2172	279,174
03	771	188	550	16	24	2219	273,918
04	630	159	452		25	2232	266,598

■1982年以降の「年度末認定被爆者」数が減少しているのは、認定疾病が「治癒」した人を除いたため。
■申請件数は諮問された件数。また、認定件数は「条件付認定」を含む。

集団訴訟の裁判所と原告数

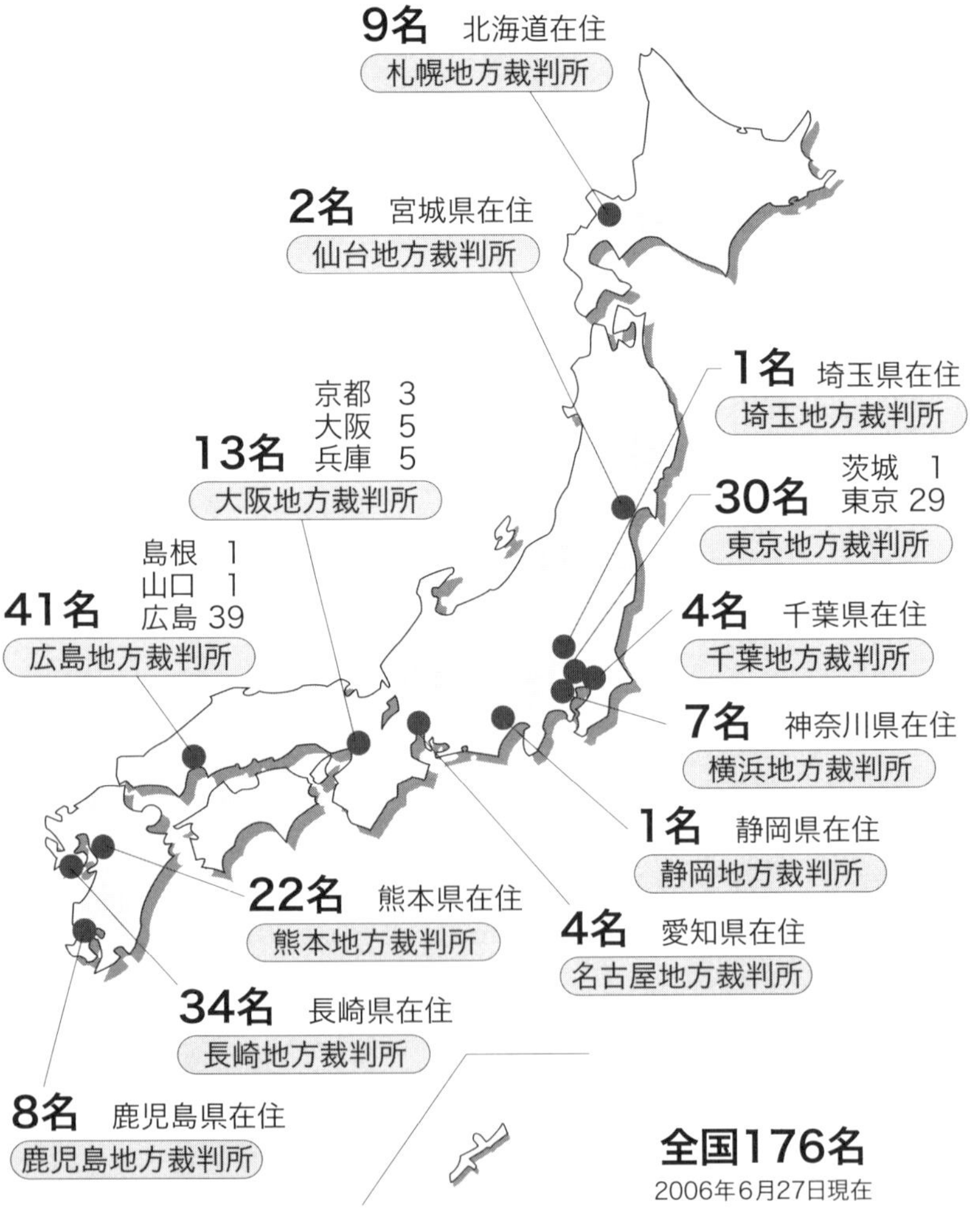
9名 北海道在住
札幌地方裁判所
2名 宮城県在住
仙台地方裁判所
1名 埼玉県在住
埼玉地方裁判所
京都 3
大阪 5
兵庫 5
13名
大阪地方裁判所
茨城 1
東京 29
30名
東京地方裁判所
島根 1
山口 1
広島 39
41名
広島地方裁判所
4名 千葉県在住
千葉地方裁判所
7名 神奈川県在住
横浜地方裁判所
1名 静岡県在住
静岡地方裁判所
22名 熊本県在住
熊本地方裁判所
4名 愛知県在住
名古屋地方裁判所
34名 長崎県在住
長崎地方裁判所
8名 鹿児島県在住
鹿児島地方裁判所
全国176名
2006年6月27日現在

原爆症認定訴訟の経過

1945年	8月	広島・長崎に原爆投下
54年		ビキニ環礁で水爆実験
56年		日本被爆者団体協議会結成
57年		被爆者健康手帳の交付を定める旧原爆医療法が施行
68年		旧原爆特別措置法が施行、健康管理手当などの支給開始
93年		松谷英子さん長崎地裁で勝訴
95年		被爆者救護法施行（原爆医療法と原爆特措法を一本化）
97年		松谷英子さん福岡高裁でも勝訴
98年		小西建男さんが京都地裁で勝訴
2000年		松谷英子さん最高裁でも勝訴
		小西建男さん大阪高裁でも勝訴（国は上告断念）
2001年		原因確率論に基づく新しい審査の方針
2002年		初の全国集団申請
2004年		東数男さん東京地裁で勝訴
2005年		東数男さん東京高裁でも勝訴（国は上告断念）
2006年	5月	大阪地裁で原告9人全員勝訴

アメリカの「放射線被爆退役軍人補償法」

米国でも広島・長崎のヒバクシャへの保障法があります。
21 種のがんに適用されています。

アメリカ「放射線被爆退役軍人補償法」(1988 年) によって、原爆投下の 1945 年 9 月から 1946 年 7 月 1 日まで広島・長崎に駐留した米兵士、アメリカの核実験のため大気中または水中核実験に参加した退役軍人及びその遺族に向けた補償がなされています。

当初、10 種のがん疾病が対象に、後に改正され現在 21 種のがん疾病に補償が適用されています。

1. 白血球 (慢性リンパ球白血病を除く
2. 甲状腺がん
3. 乳房がん
4. 喉頭がん
5. 食道がん
6. 胃ガン
7. 小腸がん
8. 膵臓がん
9. 多発性骨髄腫
10. リンパ腫
11. 胆管がん
12. 胆嚢がん
13. 初期の肝臓がん（肝硬変またはＢ型肝炎の兆候ある場合を除く）
14. 唾液腺がん
15. 尿路がん
16. 細気管支肺胞上皮がん
17. 骨のがん
18. 脳のがん
19. 大腸がん
20. 肺がん
21. 卵巣がん

【治療と生活費】月額 68 ドル～ 2325 ドルの範囲
【死亡補償金】５万ドル（遺族に）

近畿訴訟（大阪地裁）判決要旨

平成一五年（行ウ）第五三号、第六九号、第九六ないし第九九号原爆症認定申請却下処分取消等請求事件

判決要旨

一　本件は、原告らが、被告厚生労働大臣（厚生大臣）に対し、原子爆弾被爆者に対する援護に関する法律（被爆者援護法）一一条一項に基づき、原爆症認定の申請を行ったのに対し、被告厚生労働大臣等がこれをいずれも却下する旨の処分（本件各却下処分）をしたため、原告らが、本件各却下処分は原告らの疾病等の放射線起因性についての判断を誤り違法であるなどと主張して、その取消しを求めるとともに、被告厚生労働大臣等の違法行為により精神的苦痛を被ったなどと主張して、被告国に対し、国家賠償法一条一項に基づき、慰謝料等として三〇〇万円の支払を求めた事案である。

二　当裁判所は、原告らの被告厚生労働大臣に対する本件各却下処分の取消請求はいずれも理由があるからこれを認容し、被告国に対する損害賠償請求はいずれも理由がないからこれを棄却すべきものと判断する。

三　被爆者援護法（一〇条一項）は、①被爆者が現に医療を要する状態にあること（要医療性）、②現に医療を要する負傷又は疾病が原子爆弾の放射線に起因するものであるか、または上記負傷又は疾病が放射線以外の原子爆弾の傷害作用に起因するものであって、その者の治癒能力が原子爆弾の放射線の影響を受けているため上記状態にあること（放射線起因性）、を原爆症認定を受けるための要件としている。そして、厚生労働大臣は、原爆症認定を行うに当たっては、疾病・障害認定審査会の意見を聴かなければならないものとされている。しかるところ、疾病・障害認定審査会原子爆弾被爆者医療分科会により平成一

三年五月二五日付けで「原爆症認定に関する審査の方針」（審査の方針）が作成され、原爆症認定に係る審査に当たってはこれに定める方針を目安として行うものとしている。そして、審査の方針においては、申請に係る疾病等における原爆放射線起因性の判断に当たっては、原因確率及びしきい値を目安として、当該申請に係る疾病等の原爆放射線起因性に係る高度の蓋然性の有無を判断するものとされ、財団法人放射線影響研究所（放影研）の被爆者集団を対象とした疫学調査の結果から求められた各疾病等の寄与リスクを原因確率とした上、一九八六年線量評価大系（ＤＳ８６）の原爆放射線の線量評価システムに依拠して申請者の被曝線量を算定し、各申請者の疾病等、性別及び被曝線量等に応じた原因確率を算定し、当該申請に係る疾病等に関する原因確率がおおむね五〇パーセント以上である場合には、当該申請に係る疾病の発生に関して原爆放射線による一定の健康影響の可能性があることを推定し、おおむね一〇パーセント未満である場合には、当該可能性が低いものと推定するものとするが、当該判断に当たっては、これらを機械的に適用して判断するものではなく、当該申請者の既往歴、環境因子、生活歴等も総合的に勘案した上で、判断を行うものとするなどとされている。

四　ところで、放射線起因性の要件については、被爆者援護法は、放射線と負傷又は疾病ないしは治癒能力低下との間に通常の因果関係があることを要件として定めたものと解すべきであり、この因果関係の立証の程度は、通常の民事訴訟における場合と異なるものではなく、放射線と負傷又は疾病ないしは治癒能力低下との間に放射線被曝が当該負傷又は疾病ないしは治癒能力の低下を招来した関係を経験則上是認し得る高度の蓋然性が証明されれば当該疾病の放射線起因性を肯定すべきである。

審査の方針における原爆放射線の被曝線量の算定が依拠しているＤＳ８６の原爆放射線の線量評価システム及びＤＳ８６を更新する線量評価システムとして策定された二〇〇二年線量評価大系（ＤＳ０２）の線量評価システムは、現存する最も合理的で優れたシステムであるということができる上、少なくとも爆心地からの距離が一三〇〇メートル以内においては、初期放射線の計算値が測定値とも良く一致しているのであって、その有用性を一概に否定することはできず、また、審査の方針における原因確率の算定自体もその時点における疫学的、統計的及び医学的知見に基づくものとして、その方法に特段不合理なところはないから（審査の方針の定める放射線白内障のしきい値も当時の疫学的　医学的知見に依拠したものと認められる。）、上記高度の蓋然性の有無を判断するに当たり、審査の方針の定める基準を適用して申請者の原爆放射線の被曝線量を算定した上、審査の方針の定める原因確率を適用して当該被曝線量に対応する原因確率を算定し、この原因確率又はしきい値を目安すなわち考慮要素の一つとして判断すること自体は、経験則に照らして直ちに不合理と一般的にいうことはできない。

しかしながら、審査の方針の定める原爆放射線の被曝線量の算定については、まず、初期放射線による被曝線量の算定につき、ＤＳ８６及びＤＳ０２の原爆放射線の線量評価システムにはシミュレーション計算を主体として構築されたシステムとしての性格上それ自体に内在する限界が存することに加えて、その計算値が少なくとも爆心地からの距離が一三〇〇メートル以遠の遠距離において過小評価となっているのではないかとの疑いを抱かせるに足りる残留放射能の測定結果が存在することや、爆心地からの距離が二キロメートル以遠において被爆した者で脱毛等放射線による急性症状と推認される症状が生じたとするものが一定割合存在する事実が複数の調査結果によって認められていることなどからして、広島の場合も長崎の場合も、少なくとも爆心地からの距離が一三〇〇メートルないし一五〇〇メートルより以遠で被爆した者に係る初期放射線の算定において、ＤＳ８６（及びＤＳ０２）に依拠した審査の方針の定める初期放射線の被曝線量の値をそのまま機械的に適用することには少なくとも慎重であるべきであり、これらの値が過小評価となっている可能性をしんしゃくすべきである。また、残留放射線による被曝線量の算定及び放射性降下物による被曝線量の算定についても広島において、己斐、高須地区以外の地域において放射性降下物が存在した事実を裏付ける調査結果が存在し、長崎においても、西山地区以外の地域に放射性降下物が存在した可能性を否定することはできないところ原爆投下当時広島市内又は長崎市内にいなかったいわゆる入市被爆者について脱毛等放射線による急性症状としか考えられない症状が生じている事実が認められ、これについては内部被曝による可能性も指摘されていること、内部被曝の機序については、いまだ必ずしも科学的に解明、実証されておらず、これに関する科学的知見が確立しているとはいい難い状況にあるものの、呼吸、飲食等を通じて体内に取り込まれた放射性核種が生体内における濃縮等を通じて身体の特定の部位に対し継続的な被曝を引き起こすとする機序に関する知見には少なくとも相応の科学的根拠が存在することに加えて、低線量放射線による継続的被曝が高線量放射線の短時間被曝よりも深刻な障害を引き起こす可能性について指摘する科学文献や、低線量域でも被爆者の充実性自重瘍（固形がん）の発生率について統計的に有意なリスクが存在するという報告も存在しており、これらを一概に無視することもできないことなどに照らすと、審査の方針の定める基準を機械的に適用し、審査の方針の定める特定の地域における滞在又は長期間にわたる居住の事実が認められない場合に直ちに被曝の事実がないとすることには少なくとも慎重であるべきであって、いわゆる入市被爆者や遠距離被爆者については、放射性降下物による被曝の可能性や内部被曝の可能性をも念頭に置いた上で、当該被爆者の被爆前の生活状況、健康状態、被爆状況、被爆後の行動経過、活動内容、生活環境、被爆直後に発生した症状の有無、内容、態様、程度、被爆後の生活状況、健康状態等を慎重に検討し、総合考慮の上、被曝の蓋然性の有無を判断するのが相当というべきである。

他方で、原因確率の適用については、審査の方針の定める原因確率がそもそも当時の疫学的、統計的及び医学的知見に規定されたものであることに加えて、解析方法に由来する限界も存するのであり、特に、低線量域におけるリスクの推定については、低線量放射線による被曝のリスクに関する上記の科学文献等を一概に無視することもできないことなどにかんがみると高線量域における統計分析から求められた線量反応関係をそのまま機械的に適用することについて慎重であるべきであり、低線量域における原因確率の評価については　特に慎重であるべきである。さらに、そもそも原因確率（すなわち寄与リスク）自体が、あくまでも、疫学調査、すなわち、統計観察、統計分析等によって全体的、集団的に把握されたものであって、当該疾病の発生が放射線に起因するものである確率を示すものにすぎず、当該個人に発生した当該疾病が放射線に起因するものである高度の蓋然性の有無を判断するに当たっての一つの考慮要素以上の意味を有しないものであるから、当該個人に発生した疾病が原爆放射線被曝により招来された関係を是認し得る高度の蓋然性の有無を判断するための一つの考慮要素（間接事実）として位置付けられるべきものであり、原因確率が大きければ有力な間接事実としてしんしゃくすることができるとしても、原因確率が小さいからといって直ちに経験則上高度の蓋然性が否定されるものではなく、むしろ、当該疾病については疫学調査の結果放射線被曝との間に有意な関係（線量反応関係）が認められている事実を踏まえて、当該個人の被爆前の生活状況、健康状態、被爆状況、被爆後の行動経過、活動内容、生活環境、被爆直後に発生した症状の有無、内容、態様、程度、被爆後の生活状況、健康状態、当該疾病の発症経過、当該疾病の病態、当該疾病以外に被爆者に発生した疾病の有無、内容、病態などといった種々の考慮要素（間接事実）を全体的、総合的に考慮して原爆放射線被曝の事実が当該疾病の発生を招来した関係を是認し得る高度の蓋然性が認められるか否かを経験則に照らして判断すべきである。このような観点からすれば、審査の方針において、当該申請に係る疾病等に関する原因確率がおおむね一〇パーセント未満である場合には、当該疾病の発生に関して原爆放射線による一定の健康影響の可能性が低いものと推定するとされている点については、必ずしも妥当とはいい難いのであって、正に審査の方針自体において定めるとおり、当該申請者の既往歴、環境因子、生活歴等も総合的に勘案した上で、経験則に照らして高度の蓋然性の有無を判断すべきである。

以上要するに、原爆症認定申請に対し、放射線起因性の要件を判断するに当たっては、原爆放射線の被曝には種々の態様があることなどからして、その推定は現存する最も合理的で優れた線量評価システムをもってしてもなお未解明で不十分なところがあることに加えて、放射線の人体に与える影響については、その詳細が科学的に解明されているとはいい難い状況にあり、放射線による後障害は、高い統計的解析の上にその存在が明らかにされてくるという特徴があることなどにかんがみ、放射線被曝による人体への影響に関する統計的、疫学的及び医学的知見を踏まえつつ、当該申請者の被爆前の生活状況、健康状態、被爆状況、被爆後の行動経過、活動内容、生活環境、被爆直後に発生した症状の有無、内容、態様、程度、被爆後の生活状況、健康状態、当該疾病の発症経過、当該疾病の病態、当該疾病以外に当該申請者に発生した疾病の有無、内容、病態などを全体的、総合的に考慮して、原爆放射線被曝の事実が当該申請に係る疾病の発生を招来した関係を是認し得る高度の蓋然性が認められるか否かを経験則に照らして判断すべきであり、審査の方針の定める原爆放射線の被曝線量並びに原因確率及びしきい値は、放射線起因性を検討するに際しての考慮要素の一つとして、他の考慮要素との相関関係においてこれを評価ししんしゃくすべきであって、審査の方針自体において定めるとおり、これらを機械的に適用して当該申請者の放射線起因性を判断することは相当でないというべきである。

五　原爆症認定の対象となる負傷又は疾病は、当該原爆症認定の申請に係る個別具体的な負傷又は疾病に限られるものと解するのが相当であるが、当該申請に係る疾病の範囲については、当該申請書に記載された疾病の名称に必ずしも限定されるものではなく、申請書及び医師の意見書その他の添付書類の記載内容に照らして申請者の合理的意思を探求し、医学的知見を参酌しつつ社会通念に従って決すべきである。

（以下略）

編　著　北岡秀郎
熊本県原爆被害者団体協議会
原爆症認定訴訟熊本弁護団

監　修　医師　牟田喜雄

連絡先　熊本中央法律事務所
〒860-0078　熊本市京町2丁目12-43
電話　096（322）2515　　FAX　096（322）2573
E-mail　cyuou-law@msd.biglobe.ne.jp

原爆症認定訴訟　熊本のヒバクシャたち

2006年7月12日　初版第1刷発行

編著 ——北岡秀郎
熊本県原爆被害者団体協議会
原爆症認定訴訟熊本弁護団
監修 ——牟田喜雄
発行者 —平田　勝
発行 ——花伝社
発売 ——共栄書房
〒101-0065　東京都千代田区西神田2-7-6 川合ビル
電話　03-3263-3813
FAX　03-3239-8272
E-mail　kadensha@muf.biglobe.ne.jp
URL　http：//www1.biz.biglobe.ne.jp/~kadensha
振替 ——00140-6-59661
装幀 ——神田程史
印刷・製本 —モリモト印刷株式会社

ISBN4-7634-0468-7 C0036